U0336292

THE
SHORTEST
HISTORY
OF
ECONOMICS

经济简史

[澳]

安德鲁·利
Andrew Leigh

——

著

修媛媛 谢锋 李杨

——

等译

机械工业出版社
CHINA MACHINE PRESS

从古代到现代，从农业革命到工业革命，从农业出现到地球变暖，这本简洁精湛、生动有趣的小书，以跨越世纪和大洲的方式讲述了一个有关商业社会发展的经济大故事。人类社会的市场体系是如何发展起来的？现代经济是怎样形成的？影响经济学发展的关键人物有哪些精彩的故事？经济力量是如何塑造与影响世界历史的？本书用引人入胜的方式从经济的角度讲述了商业社会发展的进程，并揭示了创新和社会变革背后隐藏的经济力量，同时它也将告诉读者如何在资源匮乏的情况下最大限度地提高幸福感！学会像经济学家那样思考，用经济思维改变生活！

图书在版编目（CIP）数据

经济简史 /（澳）安德鲁·利（Andrew Leigh）著；修媛媛等译 . -- 北京：机械工业出版社，2024.8.

ISBN 978-7-111-76266-9

Ⅰ. F119

中国国家版本馆 CIP 数据核字第 2024V16F12 号

机械工业出版社（北京市百万庄大街 22 号　邮政编码 100037）
策划编辑：章集香　　　　　　　　　责任编辑：章集香　牛汉原
责任校对：甘慧彤　李可意　景　飞　责任印制：任维东
北京瑞禾彩色印刷有限公司印刷
2024 年 11 月第 1 版第 1 次印刷
147mm×210mm·8.5 印张·3 插页·135 千字
标准书号：ISBN 978-7-111-76266-9
定价：79.00 元

电话服务　　　　　　　　　网络服务
客服电话：010-88361066　　机　工　官　网：www.cmpbook.com
　　　　　010-88379833　　机　工　官　博：weibo.com/cmp1952
　　　　　010-68326294　　金　书　网：www.golden-book.com
封底无防伪标均为盗版　　机工教育服务网：www.cmpedu.com

译者序

大家常常会思考："为何我们知道了那么多道理，却还是难以驾驭人生之舵呢？"窃以为，人生之舟系于个人的条件与努力之上，但也不乏一些"无形"之手，它们正在悄然拨弄着命运的齿轮。

经济发展之道也是如此。在经济发展的历程中，既包含众多可知的规律，也充满了未知和变数，诸如黑天鹅、灰犀牛等突发事件。纷繁复杂的经济现象不断涌现，常常令经济学家穷其一生也难窥经济之全貌。

这本书将宏观经济与微观经济有机融合，它按照时间的顺序讲述了人类经济发展的历史，同时这本书也从多个角度讲述了个人的决策和整个社会的发展轨迹。

一方面，这本书有着宏大的叙事结构，从农业革命到地球变暖，以跨越世纪和大洲的方式讲述了经济学的故事。全书纵贯人类发展史，以丰富的信息与知识为读者揭示了在人类发展进程中新事物、新发现、新发明对经济的巨大影响，同时这本书还突出了经济学研究对象的多样性与经济活动在人类生活中的基础性。

另一方面，这本书又以微观视角，见微知著。

这本书从光的故事开始，深入探讨了"大富翁"游戏的起源，讲述了科技如何将昔日的奢侈品转化为今日的廉价之物，犁的发明为何加剧了性别不平等，摩天大楼为何首先在美国城市出现，以及航海时代带来的分工、贸易、关税等现实生活中的种种变革与成果，等等。

时代之微尘，落在凡人肩头，或许就是一座难以逾越的大山。虽然阅读经济类的书未必能立刻改变人们的物质生活条件、提高社会的经济效益，但在我们的阅读旅程中，了解经济发展的历史、认识经济发展的规律，知其所以然，何尝不是一种具有乐趣的探究呢？毕竟，阅读能让人获得内心的满足与快乐，了解经济发展的真相才能更明白社会生活的本质。

《经济简史》是一本启迪人心、趣味十足的解读经济学的思想和力量如何塑造人类世界的书，愿此书能够帮助你在未来的岁月里，更加深入地理解与掌握经济发展的脉络，从而更好地认识经济这个独特有机体的发展过程。

对外经济贸易大学中国世界贸易组织研究院的硕士研究生王安琪、赵玉婷、沈悦、刘迎春、李思雨、卢靖雯等参与了书稿的翻译工作，在此表示感谢！

2024年6月

目　录

导　言

在史前时代，唯一的人造光源是柴火。对于我们的史前祖先来说，若想获得一只普通家用灯泡1个小时发出的光，需要花费长达58个小时去搜寻并搬运木柴。[1]

到了巴比伦时代，最好的照明工具是燃烧芝麻油的灯。公元前1750年左右，巴比伦的工人必须工作41个小时，才能产生同样数量的光。后来出现了蜡烛。蜡烛最初是用动物脂肪制作的，非常耗时（而且气味难闻）。即使在18世纪末期，一个普通工人需要花费5个小时的时间才能生产出与普通家用灯泡1个小时发出的光一样多的蜡烛。但是在19世纪，随着煤气灯的发展，获取1个小时照明所需的时间成本降低到了几个小时。

一盏来自中东的古油灯

随着电灯泡的发明，照明变得更加便宜。到20世纪初，只需要几分钟的工作就能买到1个小时的光。如今，有些地方的人们不到一秒钟的工夫赚到的钱就足以让一个现代家用灯泡照明1个小时。

就人造光而言，如今的劳动收入比史前时期高30万倍，比1800年高3万倍。我们的祖先曾为照亮夜晚而辛勤劳作，而现在我们在点亮电灯时却很少考虑它的成本。

有两股力量推动了这一显著的变化：一是照明技术日趋成熟（而且仍在不断改进）；二是工人的生产率不断提高，这意味着我们每小时的收入比我们的祖先要多。

照明技术的发展：蜡烛、白炽灯泡、荧光灯泡和LED灯泡

人造光源发展史照亮了本书的一些关键主题，例如专业分工、生产效率等。

史前人类什么都要做，而现代工人则专攻各自最擅长的领域。市场可以让人们与其他人交换彼此的产出。价格激励人们在产品短缺时多生产，在产品过剩时少生产。然而，市场体系并非完美。失业、交通拥堵、过度捕捞、哄抬物价和污染仅仅是市场失灵时出现的一小部分问题。

本书将讲述一个大故事。它讲述市场体系是如何发展起来的，讲述经济的发展史以及影响经济学发展的一些关键人物与那些有趣的故事，同时它还重点讲述经济力量如何塑造了世界历史。

为什么不是非洲殖民欧洲，而是欧洲殖民了非洲？20世纪30年代，当各国设置贸易和移民壁垒后发生了什么？为什么同盟国取得了第二次世界大战的胜利？为什么许多发达国家的不平等现象在20世纪五六十年代有所减少？气候变化如何威胁人类未来的繁荣，等等。你将在本书中找到这些问题以及更多问题的答案。

形象点来说，经济学可以被定义为一门研究以下问题的社会科学：人们如何在资源匮乏的情况下最大限度地提高自己的幸福感。经济学更多地思考人作为个体的经济行为，以及人们如何在家庭和公司中协作。经济学侧重于告诉人们如何在市场中互动，在市场中买方和卖方共同决定了均衡价格。经济学还研究当市场失灵时会发生什么，以及公共政策如何发挥作用，如何改善贫困、气候变化或价格垄断等问题。

本书从微观经济学和宏观经济学中有趣的故事出发，[2]讲述了微观经济学是如何帮助个人做出正确决策的，宏观经济学是如何研究整体经济的。目前市面上有关经济学的通俗读物往往只关注其中一个方面。像

《魔鬼经济学》《发现你内心的经济学家》和《成就现代经济的50件事》（*50 Things That Made the Modern Economy*）向读者介绍了微观经济学的内容。而像《萧条经济学的回归》《蹒跚走向乌托邦》（*Slouching Towards Utopia*）和《这次不一样》[⊖]这类图书，则向读者讲述了宏观经济学中的社会现象。本书则将宏观经济学与微观经济学相融合，按照时间顺序回顾经济发展的历史，同时触及个人的决策和整个社会的发展轨迹。

那些认为经济学暗淡无光、贪婪或狭隘的批评者喜欢引用托马斯·卡莱尔对经济学的描述——"沉闷的科学"，但他们忽略了这个描述的来源。

卡莱尔还曾不屑一顾地说："只要能教会鹦鹉说供给和需求，你就能把它培养成一个经济学家。"[3]

供求关系图或许可能很简单、很方便，但在本书中这些图你都看不到。当然，即使没有学过任何经济学知识，你也能欣赏并领会本书中的精彩故事。

学会像经济学家那样思考能改变你的生活。经济学

⊖　本书中文版已由机械工业出版社出版。

的秘密在于，最有力的洞察往往来自任何人都能理解的少数重要观点。

我曾经提到过其中的一个观点：激励机制。

在体育比赛中，如果一等奖奖金丰厚，二等奖奖金少，那么通常来讲，比赛的成绩就会提高。跑步运动员会跑得更快，高尔夫球手会以更少的杆数完成比赛。[4]在澳大利亚政府宣布为2004年7月1日及之后出生的孩子发放"婴儿奖金"后，这一天的出生人数创下了历史新高。[5]为什么呢？因为准妈妈们为了获得经济奖励，推迟了生产和剖宫产手术。

当美国改变遗产税税率时，死亡时间也发生了变化。这表明有少数人推迟（或提前）死亡，以尽量减少税款支出。[6]

俗话说，人生没有什么是确定的，除了死亡和税收。但在这种情况下，税率发生了变化，死亡率也随之改变。

这并不是说经济学就是贪婪的。埃莉诺·奥斯特罗姆是第一位获得诺贝尔经济学奖的女性。她发现，从印度尼西亚的渔业到尼泊尔的森林资源，在许多情况下，人们都是通过合作来管理稀缺资源的。在获得诺贝尔经济学奖的演讲中，奥斯特罗姆批评了经济学家为完全自利的个人设计制度的倾向。相反，她认为，"公共政策的核心目标应该是促进制度的发展，以发挥人类的最大潜能"。激励很重要，但在本书中，我将努力捕捉奥斯特罗姆的乐观主义精神，并证明经济学家也可以是理想主义者。

经济学的另一个重要观点是专业化。

我们当中有多少人能剪好头发，能更换破损的汽车挡风玻璃，能把葡萄变成葡萄酒，或者自己编写智能手机的应用程序呢？只要几个月的时间，大多数人都能在一定程度上学会这些技能。但除非你十分喜欢这种体验，否则更好的办法是花钱请专业人员来做，而不是专注于你不擅长的事情。

如果你终其一生想在每一件事上都做得相当好，那么你最终会成为人类版的瑞士军刀——一把很容易出毛病的小刀、一把恼人的小剪刀和一把不怎么实用的螺丝刀。职业专业化是现代经济的关键之一。

制造产品的过程也变得专业化了。中国的一些城市已经成为生产某种产品的基地。例如，义乌生产了世界上大部分的圣诞装饰品；葫芦岛生产了世界上四分之一的泳装；丹阳被称为"眼镜城"；台州长期专注于卫浴产品，如今已成为全球智能马桶的创新中心。[7]

随着专业化的蓬勃发展，贸易变得弥足珍贵。

像波音公司的787梦想客机就是"世界制造"的产物，它包括了来自日本的电池、韩国的机翼、印度的地板横梁、意大利的水平稳定器、法国的起落架、瑞典的货舱门和墨西哥的反推力装置等。[8]

一款典型的智能手机也是"世界制造"的产物。通过从成本最低的供应商那里采购零部件和原材料，就有可能制造出物美价廉的产品，如果仅使用本地材料制造，产品的价格通常会比较高，令人难以承受。

设计师托马斯·斯维斯决定从零开始制造烤面包机（只使用自己的劳动力和亲自采购的原材料），也许这是对专业化重要性最有力的诠释。[9]

斯维斯从英格兰一座废弃的矿山中获得铁矿石，从威尔士的一座矿山中获得铜矿石，从苏格兰的一座山中获得云母。当家中的高炉无法炼钢时，斯维斯就用微波炉熔炼铁矿石。塑料外壳来自熔化的垃圾塑料。最终，斯维斯的烤面包机实验耗时9个月。

如果我们按照当时英国的平均工资来计算斯维斯制造烤面包机的时间成本，那么劳动力成本为19 000英镑，外加大约1000英镑的费用，[10]斯维斯那台价值2万英镑的烤面包机比他在市场上购买一台烤面包机贵了约5000倍。有趣的是，当斯维斯把烤面包机插上电源时，它只持续了大约5秒钟就开始熔化了！

经济学中还有一个有趣的观点是，重大事件很少是由规范或文化的突然转变所驱动的。更常见的情况是，巨变是由新技术或不断变化的政策导致的。

如果你想了解国际贸易在第二次世界大战后几十年中蓬勃发展的原因，那么了解一下1956年标准化海运集装箱的发明以及通过连续几轮世界贸易谈判降低全球关税，可能你就知道答案了。

如果你想知道为什么今天的篮球比赛比半个世纪之前的篮球比赛更加激动人心，那么或许思考一下投篮计时和三分球的规则，你就能知晓答案。

另外，本书还试图揭示隐藏在战争和社会变革背后的经济力量。

经济学的故事始于农业革命，这场革命见证了人类从狩猎采集部落到古埃及、古希腊和古罗马文明的转变，创造了古埃及文明、古希腊文明和古罗马文明。

水运使地区之间的贸易成为可能。中国的大运河将各省连接起来。大航海时代将欧洲、非洲和美洲连接起来——运输农产品、制成品和奴隶，"三角贸易"利润丰厚。

下一次重大的革命是工业革命。工业革命启动了制造业，推动了经济增长。与新技术同时出现的还有知识上的突破，经济学学科逐渐形成。到了20世纪初，随着流水线的创新，汽车价格不断降低，全球化将世界前所未有地紧密联系在一起。两次世界大战和大萧条打破了世界的许多联系，摧毁了人们的生活、生计和联结。

对于许多发达国家来说，战后时期是一个共同繁荣的时期，但其他地区的增长则不太稳定。印度的巨大变化出现在1990年。亚洲大部分地区的经济增长表明，该地区的生活水平与经济增长较慢的非洲之间的差距越来越大。到21世纪初，许多国家内部的不平等现象急剧上升。

经济学的大部分内容现在都集中在市场失灵的问题上。

约翰·梅纳德·凯恩斯开创的宏观经济学的核心问题是降低失业率。许多竞争政策的动机是遏制垄断力量。气候政策解决的是市场失灵的问题，即污染对公司来说可能是有利可图的，但它会对地球造成破坏。同样，行为经济学也承认，人类并不总是表现得像一台冷静、精于计算福利最大化的机器，而是倾向于以系统的方式偏离理性规则。随着经济学学科的发展，理论和数据都使研究人员能够建立更好的人类行为模型，使经济学变得更有趣、更有用。

但是，在研究理性经济人之前，我们必须从头开始说起，经济学如何塑造了我们这个物种——智人。

第一章

走出非洲，走进农业

"孤独、贫穷、凶残、肮脏、野蛮且短暂的"：早期人类的一生

距今约 30 万年前，在非洲南部进化出了现代人类。[1]我们的祖先创造了语言，他们能讲故事、懂艺术、会舞蹈，他们以家庭为单位抚养孩子。

大约 6.5 万年前，人类不仅发明了用来狩猎的矛和弓，还发明了用于缝纫的针和用于航行的船。[2]与早期的灵长类动物不同，人类的语言和抽象思维能力使智人能够

参与集体学习，也就是说，他们建立了一个可以共享的知识库，这已经超出了个人的能力范围。[3] 但他们的生活在很大程度上仍然停留在游牧阶段：靠狩猎为生，以当地植物为食，当资源耗尽时他们就不得不转移到另一个地方。

对于如何救济那些丧失了劳动力的同伴，早期社会有着不同的方式。史前社会已显露出一些照顾老人的雏形，例如，为老人雕刻拐杖以便于他们行走，直接帮那些牙口不好的老人嚼碎食物，等等。而有些狩猎采集部落，尤其是那些长途迁徙的群体，则更倾向于杀死或遗弃年老体弱者，以免他们拖累整个集体。

那个时代大多数人的生活到底是怎样的呢？瑞士哲学家让－雅克·卢梭写道，没有任何人比处于原始状态的人们更温和了。然而他的英国同行托马斯·霍布斯却持有完全不同的观点，他认为早期人类的一生是"孤独、贫穷、凶残、肮脏、野蛮且短暂的"。

多亏了有法医考古学（有时被称为"CSI⊖旧石器时代"），现代研究人员已经能够收集到大量关于这个时代的生活信息。研究人员估计有五分之二的婴儿根本活不到一

⊖ 犯罪现场调查（Crime Scene Investigation），简称CSI。——译者注

周岁。早期人类的预期寿命在 33 岁左右。[4] 来自部落内竞争者和附近群体攻击者的暴力始终存在。在游牧社会，死于暴力的人多达 15%。[5] 在农耕时代来临之前，大多数人整个冬天都会在瑟瑟发抖中艰难度日，在饥肠辘辘中进入梦乡。这么来看霍布斯是对的，而卢梭是错的。

定居农业模式并没有单一的发源地，但可以肯定其中一个"第一次"发生在印度西北部。卡利班甘 ⊖ 距离巴基斯坦边境大约有三个小时的车程，这里曾经是两条河流的汇合处。它是世界上最重要的考古遗址之一，有最古老的耕地。在这里，犁沟是南北和东西两个方向的，这表明在当时两种作物是一起种植的，这两种作物可能是谷物和芥菜。[6]

卡利班甘是印度河流域文明的一个主要城市，在公元前 3300 年到公元前 1300 年繁荣昌盛。农业的发展使人们能够在这里定居并建造更舒适的房屋，有些人家甚至都有了抽水马桶。他们的建造者偶然发现了理想的砖块尺寸，也就是我们今天仍在使用的 1∶2∶4 的尺寸比例。[7] 成年人已经能够使用青铜工具，会玩色子游戏。考古学家还出

⊖ 印度河文明的重要城市遗址，位于印度拉贾斯坦邦的北部。——译者注

土了一些儿童玩具，比如哨子和陀螺。与游牧生活相比，在定居农业环境下，人们能够制造并使用工具和玩具。

世界经济的转折点：农业的出现

农业革命推动印度河流域文明与其他文明进行贸易往来。

为了在陆地上运输货物，印度河流域的居民发明了手推车，这可能是人类历史上第一次使用轮式运输工具。他们的城市布局呈网格状，就像今天的许多现代城市一样。他们造了船，疏浚了运河。印度河流域的商人从中国带回了玉石，从喜马拉雅山带回了雪松木，从阿富汗带回了青金石等原材料。与此同时，他们也出售珠宝、陶器和金属工具。

在鼎盛时期，印度河流域文明的人口约为 500 万。[8]然而，直到 20 世纪 20 年代，它才被考古学家发现。这其中一个主要的原因是印度河流域文明是相对平等的。古埃及人建造了金字塔，古希腊人建造了卫城，古罗马人建造了万神庙，而大型建筑往往是财富和权力的标志，这曾被一位学者称之为"永恒的问题"。[9]相比之下，印度河流域文明几乎没有建造大型标志性建筑。这在当时对于当地人来说是有很多好处的，但这也意味着印度河流域的城市被埋没了 2000 多年，直到河流干涸后才被世人发现。

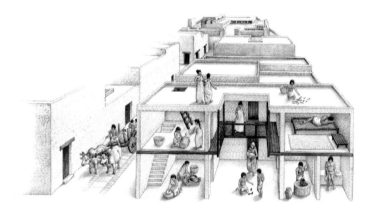

印度河流域文明并没有建造其他文明中那种象征财富和权力的纪念碑

农业的出现是世界经济的一个转折点，因为它使人类社会可以生产出富余的产品。人们可以将食物储存起来，一年四季都能吃得好些，同时这也是一种原始的保险行为，用来抵御粮食歉收时的饥荒。

当人们的消费波动幅度小于收入波动幅度时，经济学家就把这种现象称为"消费平滑"。消费平滑解释了为什么现代经济中许多人会借钱买房子、为退休后的生活储蓄、购买医疗保险。在史前时代，不确定性困扰着人们的生活，对于许多公民来说，这种不确定性令人紧张不安。

即便是在今天，发达国家工薪阶层的月收入也会有很大的波动，这使他们难以规划未来，从而引发了他们相当大的焦虑。

在一些食物充足的地方，狩猎采集者可以过上幸福殷实的生活。在卡拉哈里沙漠的西部边缘住着一群叫作"！Kung"的人（感叹号表示用舌头咔嗒一声发出的声音）。这里生长着许多蒙刚果树，果实富含蛋白质和脂肪，并且可以长期储存。一般来讲，"！Kung"族人平均每天要吃300多个这种坚果，这些坚果提供了人体所需的约三分之一的能量。正如一个"！Kung"族人对来访者所说的那样："既然世界上有这么多蒙刚果，我们为什么还要种庄稼？"[10] 在世界上大部分地区，农业意味着人们可以摄入更多的能量，把饭碗牢牢端在自己手中。但"！Kung"族人是个例外。

地中海东部边缘的黎凡特㊀地区对于农民来说则更加适宜居住。在最后一个冰河时期㊁结束后，黎凡特经历了几段漫长的干旱期，这促使当地社会不得不尝试开发农

㊀　黎凡特源于拉丁语 Levant（升起），指日出之地，是一个不精确的历史上的地理名称。——译者注
㊁　又称冰川期，指地球在某些年代里陆地和海洋都被冰层覆盖的时期。——译者注

业。从公元前 10 000 年到公元前 8000 年，农民们选择种子大、味道不那么苦的作物进行培育。该地区有时被称为"新月沃地"[⊖]的一部分，因为这里恰好有几种可以驯化（适宜人类耕种、食用）的作物。有八种"奠基性作物"对农业的发展至关重要，即双粒小麦、单粒小麦、皮大麦、豌豆、扁豆、苦豌豆、鹰嘴豆和亚麻。[11]先民发明了燧石刀和水磨来收割和加工农作物。社会从游牧形态转变为以农业为中心，建立定居点。

犁是农业发展过程中最重要的发明。耕田松土使种植作物更容易，同时翻新过的土壤中富含新鲜的养分，杂草也被掩埋起来。早期的农民用棍棒和锄头耕种，这与今天你在自家后院菜地里干活的方式没什么大区别。但是犁的发明标志着人类利用动物来进行耕作成为可能。

早期的埃及犁是划痕犁，类似于用一根棍子去松土。在秦汉时期（公元前 221 年至公元 220 年），中国农民发明了翻耕犁，能将土壤完全翻过来，形成犁沟。[12]定居农业的生产力是觅食方式的五到六倍。[13]犁带来了一个时代的终结，在这之前的社会中，每个人的职业都是在"寻找食物"。事实上一位历史学家认为，整个现代社会都是犁

⊖ 西亚、北非地区两河流域及附近肥沃的土地。——译者注

的产物。[14]

犁也改变了权力的动态平衡关系。

在此之前的农业生产中性别相对平等，但拉犁或驾驭拉犁的动物则需要很大的上肢力量。因此，犁使农业成为一种以男性为主导的活动。这项技术的影响一直延续至今。[15] 在不常使用犁的国家（如卢旺达和马达加斯加），社会性别规范比普遍使用犁的国家（如毛里塔尼亚和埃塞俄比亚）更为平等。今天那些来自有耕犁传统的国家的人，即便是移居到了发达国家，也不太愿意让女性离开家庭去外面工作。

世界上有些地区比其他地区更适合农耕。亚欧大陆恰好有适宜驯化的动植物物种。正如我们所看到的，亚欧大陆的原生植物包括大麦、小麦和豆类的变种，这些植物都可以储存数月。而其他地区种植的香蕉和山药，过不了几天就会变质。动物的情况也是类似的，亚欧大陆有山羊、绵羊和牛，可以产出肉、奶和兽皮。相比之下，非洲斑马和澳大利亚袋鼠就没那么容易被驯服了。

大陆的形状也很重要。亚欧大陆很宽，而非洲大陆和美洲大陆很长。这意味着人们可以在同一气候带里探索和开发亚欧大陆。亚欧大陆自西向东的探险者都不需要在陌生的环境中培养新的生存技能，他们的农业发明可以在相似的气候环境中广泛传播。但是对于非洲和美洲的探险者来说，南下旅行则是更为艰巨的挑战。正如地理学家贾里德·戴蒙德指出的那样，这些最初的巧合解释了为什么是亚欧大陆去殖民非洲、美洲和大洋洲，而不是反过来。因为财富的积累最终转化成了军事力量，农业革命为帝国的建立奠定了基础。

硬币的双面：农业革命的利弊

从理论上讲，农业革命本可以让每个人都过得更好。因为农业生产比狩猎和采集更有效率，它不需要社会上的每个人都参与劳动。人们第一次有精力钻研其他领域，这才使人们有可能成为工匠和房屋建造者。农业造就了城市，人们发明了新工具，并在繁荣的市场上进行交易。印度河流域文明可能就是历史上定居农业带来共同繁荣的最好例证。

不幸的是，农业革命也带来了不那么仁慈的君主。因为狩猎采集者总是居无定所，这意味着没有人能拥有很多财产。相比之下，农业创造了盈余。这使统治者有条件让自己和家人先富裕起来，从其他人口袋里榨取资源来补充军需。在许多社会中，统治者依靠武力赢得权力，利用恐吓来震慑民众。

农业革命后形成的社会往往非常不稳定。在罗马帝国 500 年的历史中，一共有 77 位皇帝。其中一半的皇帝被人谋杀，而更多的皇帝则死于战争或自杀。[16] 只有三分之一的罗马皇帝死于自然原因。在极其残酷的 18 个月里，尼禄自杀，加尔巴被谋杀，奥托自杀，维特里乌斯被刺杀。在战场上，战争有时被称为 Bellum Romanum——这是一种全盘清洗的残忍手段，所到之处庄稼被毁，妇女被奸淫，战俘被奴役、处决。罗马帝国的受害者很可能会认为，如果没有农业革命，他们的日子就不会过得那么惨。

定居农业还有一个始料未及的坏处，那就是人类的饮食结构往往不那么多样化。狩猎采集者食用各种浆果、坚果和动物，而农业社会的人们通常只能从几种淀粉类植物中获取大部分的卡路里。一项对农业革命前后人类骨骼遗骸的对比研究发现，人类的平均身高下降了大约 10 厘米。[17]霍布斯是对的，生命在自然状态下是"短暂的"，但农业革命的最初影响却是人口的减少。

起初，农业革命增加了人类的营养不良率，使人们涌入疾病肆虐的城市，这加剧了不平等。然而农业革命也成就了人类中的创新者，他们最终为人类能拥有比石器时代的祖先更长寿、更幸福的生活奠定了基础。[18] 正如农业带来了喜怒无常的独裁者一样，它也促使人们认真考虑如何改善自己的生活、改变周围的世界。

知识精英有时间完善思想、建立模型，开创探索世界的新方式。古代美索不达米亚 ⊖ 在数学、地图、写作和帆船方面都取得了一定的突破。古埃及在艺术、文字和建筑领域都有创新。玛雅文明在天文学和记录记载方面都有发现。古希腊人在科学、技术、文学和民主层面上都取得了进步。那时甚至还出现了早期的福利国家。从公元 98 年到公元 272 年，古罗马有一个名为"供给"（alimenta）的项目，旨在为孤儿和贫困儿童提供食物和教育补贴。但它只帮助了一小部分的困难群体，最后还被奥勒良皇帝叫停了。

创造力被应用到哪个地方，哪个地方就会与众不同。公元前 2600 年建造吉萨金字塔 ⊜ 需要用到三角学和毕达哥

⊖ 古希腊对两河流域的称谓。——译者注
⊜ 吉萨金字塔是一个群体的总称，而不是一座单独的金字塔。——译者注

拉斯定理[⊖]。在接下来的 3800 年里，吉萨金字塔一直是世界上最高的建筑。但轮子不是古埃及人发明的，建造金字塔依靠的是成千上万的工人，他们用木滑橇从采石场人工拖运石块。古罗马的统治者建造了水渠和美丽的高圆顶建筑。然而，他们并没有大规模使用水车或风车，因为直到罗马帝国灭亡后，水车才在欧洲得到普及。[19]

谁在影响技术进步：改变经济生活的社会制度

为什么农业时代的杰出思想家没有在节省劳动力的设备上花费更多的心思呢？经济学原理为我们提供了答案。当劳动力成本较低时，在提升工人效率的技术上投资的动力就会减弱。在现代社会也是如此，欧洲餐馆在电子点餐系统上的投资比美国餐馆早了几十年。这其中的原因很简单：在欧洲雇用服务员的成本更高，所以公司要让员工的工作效率发挥到极致。

同样，当古埃及和古罗马的革新者在考虑最紧迫的技术问题时，在他们所处的社会中，大部分工作都是由奴隶承担的。因为有许多人可以被奴役，统治阶级对提高奴隶

⊖ 也称为勾股定理。——译者注

的产出效率并没有多大的兴趣。所以说古代的奴隶制不仅不道德，还挫伤了人们提高生产效率的积极性。

类似的情形在古代中国也曾出现过，当时充足的劳动力抑制了创新研发的动力。在丝绸制造、青铜和铁制品的生产以及纸张的使用方面，中国人远远领先于欧洲人。然而，这些发明并没有像人们想象的那样改变经济。在古代中国，贵族是精英统治阶级的主体，鄙视商人和商业是当时的社会风气。因此，大部分的发明创造主要集中在了武器和艺术品上，而不是在实用工具上。[20]经济上的成功不仅依赖发明创造，要想改变生活还要有好的社会制度。

货币是古代社会中出现的一项发明。货币有三种属性：第一，它是记账单位，货币提供了一种共同的语言来表达不同物品的价值，与其说两头牛值一把斧头，不如说它们都值一枚银币；第二，货币是一种价值储存手段，它能让财富以一种不会腐烂或消亡的形式长期存在；第三，货币是一种交换媒介，简化了人们之间的交易，比如有人可能想买两头牛，但他没有斧头，这时就可以用货币来完成交换。

货币出现的形式各种各样。在古希腊，硬币产生于公元前700年到公元前600年，后来被称为"德拉克马"

（drachma），意思是"一把"。[21] 在古代奥运会上，冠军获得橄榄花环的同时，还可以赢得高达 1000 德拉克马的奖金。[22] 古罗马人使用货币的时间相对较晚，但公元前 269 年他们在朱诺·莫内塔神庙附近开始铸造银币时，一些银币被刻上了"莫内塔"（Moneta）这个词，这个词后来演化成了人们所说的"钱"（money）。

硬币提供了一种直接的支付方式。旅行时人们可以把硬币装在口袋里随身携带。硬币也是不断扩张的罗马帝国的重要组成部分。有时人们是通过硬币上的头像，才第一次知道现在的皇帝是谁。

但是硬币并不是货币的唯一形式。在密克罗尼西亚的雅浦岛上，石雕被用作货币，其中最大的一块直径达到了3.6 米。当它的所有权发生变更时，人们并没有去移动它，相反，雅浦人仍然把它留在了原地，但社区里的每个人都知道它有了新的主人。这种巨大石雕式货币使商业活动很不方便。但是无独有偶，在现代社会，中央银行有时会在金库中存放黄金。当黄金被出售时，通常只会变更一下电子分类账，而实物黄金还是会被放在原处。雅浦人如果知道应该会很欣慰吧。

由石灰石雕刻而成的雅浦石币

无论是石雕还是钱币，那个时代的货币都有一个共同的特征，那就是它具有内在价值。在某些情况下，商人会互相发行本票，但货币始终是由珍贵的材料制成的。这种情况在公元 1000 年左右发生了改变，那时中国成为世界上第一个发行纸币的国家——本来毫无意义的纸张却代表着一种价值承诺。

经济发展的另一个方面是地区间贸易量的增加。正如我们在印度河流域文明的例子中所看到的那样，社会内部的专业化促进了衣服、工具等新产品的生产。这反过来又推动了不同社会之间的专业化，而这正是贸易的基础。当一个社会相对来讲更擅长生产某种产品或提供某种服务时，它就有可能从贸易中获益。

为什么我写的是相对来讲更擅长，而不是更擅长呢？为了理解这一点，让我们回到劳动力专业化的问题上来。假设村里最好的制陶师也是最好的面包师。让我们想象一下，她在制陶方面比别人好十倍，可在烘焙方面只比别人好两倍。在这个例子中，如果她能把所有的时间都花在制作陶器上，然后从别人那里购买面包，那么整个村庄的产出将是最大的。

上面讲的制陶师的例子同样适用于其他国家、城市和地区。想象一下，古代中国生产丝绸和黄金的成本都要比古罗马低，但中国人生产丝绸的效率是古罗马人的十倍，而开采黄金的效率仅是古罗马人的两倍。在这种情况下，中国出口丝绸和进口黄金可能是更理性的选择。丝绸之路沿线的贸易依赖的是比较优势，而不是绝对优势。即使一个国家所有产品的生产效率都比邻国高，它依然能够想办法从贸易中获益。

然而，即使是在现代社会也不会进口像砾石这样重量大、价值低的产品，这是有原因的。当运输成本相对高于所运输产品的价值时，开展贸易就不划算了。即使是发明了车轮，大部分道路的路况仍然是很差的。相对来说，用

皮带把货物直接绑在马和骆驼的背上比用马车运送货物要
容易得多，因此大多数陆地贸易仅限于葡萄酒、橄榄油、
宝石、贵重金属和稀有香料等商品。大约在公元 300 年，
一车小麦如果被运到了 500 公里以外的地方，价格就会翻
倍。[23]

第二章

大运河、印刷机和瘟疫

水上交通打造的商业繁荣

如果考虑到水覆盖了地球表面三分之二以上的面积，那么或许这个星球应该被称为"水球"而不是"地球"。几千年来，人类一直在水上航行，乘坐以帆、桨或二者为动力的船只。水路运输货物比陆路运输货物更为便宜，这使得河流和海洋对商业更为重要。

中国隋朝（公元 581 年至公元 618 年）的统治者修建了大运河，这是当时世界上最长的运河或者人工河流。它连接黄河和长江，全长约为 1600 多公里。修建运河的最初动机是为了让朝廷能够征收谷物税。[1] 但运河本身也有助于刺激各地之间的贸易，促进经济往来，使唐朝（公元 618 年至公元 907 年）时期的中国蓬勃发展。

19 世纪，大运河的逐渐废弃造成了周边地区的经济困难和社会动荡，足见其重要性。[2] 虽然大运河不如长城有名，但它具有更重要的经济意义。大运河的修建促进了经济的繁荣和航运业的发展，提高了政治稳定性。到公元 1000 年，宋朝人的生活水平高于英格兰人，按照今天的货币来计算，当时中国的人均日收入为 3.36 美元，而英国的人均日收入则为 3.15 美元。[3]

在世界各地，水上交通的重要性意味着最成功的城市都在沿海，一座城市最好拥有深水港，从而使进入的船只能躲避风暴。里斯本、亚历山大和雅典都属于在海运黄金时代繁荣起来的城市。很多港口城市发展为金融中心。在热那亚，货币兑换商储存商人的硬币，通过在账户之间转移货币来清偿债务，并提供贷款以资助新的航行。[4]

在威尼斯，一种名为有限责任合伙关系（colleganza）的新型风险分担形式允许较贫穷的商人通过让利给投资者来为海上航行提供资金。[5] 该制度为商人创建了一个向更高层社会阶层流动的途径，到 14 世纪早期，威尼斯已成为世界银行中心。然而，在接下来的发展中，威尼斯已建立的显赫家族限制了平民对该风险分担形式的通路，巩固了它们在经济等级制度顶端的地位。内部任人唯亲取代了平等主义。威尼斯失去了作为全球商业领导者的地位，并遭受了一系列的军事溃败。内部裙带关系取代了创新和平等主义，威尼斯也因此陷入更加贫困的境地。

　　布鲁日位于兹温河口，是另一座靠航运贸易而辉煌的城市。1301 年，这座城市如此富裕，以至于法国王后访问时评论道："我以为只有我才是王后，但我发现这里有600 个竞争对手。"⁶ 两个世纪之后，当兹温河口淤积时，布鲁日经济随之衰退。该地区商业中心向西移动 80 公里后到达安特卫普港，船只很容易在此处靠岸。最后，人们风趣地将布鲁日命名为"死寂之城布鲁日"。

社会流动性

　　在中国的古代封建制度、印度的传统种姓制度和欧洲的中世纪封建制度下，一个人的社会地位从出生起就已经确定了。孩子的社会地位通常取决于父母的社会地位，代际流动性是十分有限的。

现代资本主义社会中的大多数人都对这种僵化的阶级制度感到震惊。很多人都关注社会流动性，即任何人都可以"成功"。然而在现实中，各国孩子的成就与父母的成就之间的关联程度存在很大的差别。斯堪的纳维亚半岛的社会流动性最高，而拉丁美洲的社会流动性最低。

造成这种现象的一个原因是，不平等（贫富差距）与社会流动性（父母和子女的收入关系）密切相关。可以用梯子做类比来理解这一观点，我们将不平等表示为梯子横档之间的距离，而将流动性表示为某人向上爬或向下爬的机会。当横档之间的距离更大时，攀爬的机会就更少，这被称为"了不起的盖茨比曲线"。由于拉丁美洲比斯堪的纳维亚半岛更加不平等，因此其社会流动性也更低。

到目前为止，我们一直在讨论单一世代的社会流动性。但是另一种方法使我们能够跨越多个世代，以检验王朝的持久性。为了了解社会流动性的长期模式，经济学家格雷戈里·克拉克使用罕见的姓氏来测试社会是动态的还是静态的。以塞缪尔·佩皮斯（1633—1703）为例，这位日记作者曾任英国海军部秘书。在过去的5个世纪中，有佩皮斯姓氏的人进入牛津大学和剑桥大学的比例至少是普通姓氏人口的20倍。在我们能够观察到他们的财产价值的地方，佩皮斯家族留下的财富至少是英国其他家族平均水平的5倍。只有在社会流动性极低的情况下，我们才期望一个姓氏能以这种方式在精英阶层中持续存在。

在其他国家，罕见的精英姓氏也依然存在。20世纪20年代初，美国税务机关公布了收入最高者的姓名。一个世纪后，拥有这些姓氏的人成为医生或律师的可能性是其他人的三到四倍。例如，在美国，拥有高地位姓氏"卡茨"（Katz）的居民成为医生或律师的可能性是其他人的6倍。

"了不起的盖茨比曲线"

在日本，武士的姓氏可以追溯到1868年的明治维新之前。在现代，他们在医生、律师和学者中的比例至少超出平均水平的4倍。

在智利，19世纪50年代在地主中的精英姓氏，在当今高收入职业中的比例仍然偏高。在瑞典，17世纪和18世纪出现了一组"贵族姓氏",在当今时代,这些"贵族姓氏"中医生的人数是预期的2倍,律师的人数是预期的5倍。社会地位具有显著的持久性,甚至可以跨越10代人。

"竞争性的"实物商品与"非竞争性的"思想

当贸易和移民可以带来新思想和可生产的产品时,二者最具有价值。在14世纪,贸易商将玉米(以及后来的红薯)带到中国,为那些降雨量不足以维持水稻生长的地区提供了主食来源,这使中国随后几个世纪人口快速增长。[7]1290年左右,意大利人发明了辅助阅读的眼镜,并迅速传遍欧洲。1440年左右,德国人发明了金属活字印刷机,掀起了印刷革命。在此后的50年里,书籍的出版量超过了前1000年的出版量。[8]

经济学家将实物商品描述为"竞争性的",将思想描述为"非竞争性的"。当我把3个苹果交给你时,我便不再拥有这3个苹果了。但如果我教你如何把苹果击落,那么我们就可以共享这份乐趣(尤其是当我们都不介意吃碰伤的苹果时)。

非竞争性理念对于经济学家如何看待创新至关重要。

就辅助阅读的眼镜和印刷机而言，这两种创新都不受知识产权法的保护。这对于消费者而言是一个利好，因为这意味着其他人可以复制、调整和改进这些发明。但自由复制的能力削弱了发明的动力，所以在接下来的几个世纪里，从 1474 年《威尼斯专利法》开始，各国纷纷制定专利法，赋予发明者暂时的垄断权，从而使他们乐于分享自己的创意。

经济学发挥作用的一个戏剧性的例证

在中世纪（从 5 世纪后期到 15 世纪中期），欧洲许多人还生活在封建制度下，在该制度下，土地归领主所有，由农民耕种。实际上，农民满足贵族的需求，以换取贵族对他们的保护。阶级跃升的希望渺茫，牧师维持着社会秩序。工匠把自己的价格刻在墙上并不罕见，因为他们清楚自己的价格不会因世代不同而发生太大的变化。

虽然技术有所变革（例如前面我们提到的水磨的普及），但人们的生活仍然十分艰难。即使到了中世纪末期，大多数人依旧饮食清淡简单，偶尔食用肉和鱼，以改善难以下咽的炖菜和千篇一律的淀粉类谷物。当时没有印刷书籍，大多数家庭没有什么家具，也没有自来水。感染性抓痕就可能致死，疾病随处可见。三分之一的婴儿在一岁生日前夭折，三分之一的母亲死于分娩。[9]

当时最严重的细菌是鼠疫耶尔森氏杆菌（它会引发鼠疫，俗称"黑死病"）。黑死病起源于中亚，1347 年黑海航行的热那亚商人将其带到了欧洲。它夺去了欧洲约三分之一人口的生命，甚至比最残酷的战争造成的死亡人数还要多。在开罗，有一半人死于黑死病。在城市里，近距离接触加速了疾病的传播，因而人们纷纷逃往农村。其中最著名的是乔万尼·薄伽丘，他逃离了佛罗伦萨（一个多达四分之三人口死亡的城市），并写下杰作《十日谈》。从 1300 年到 1400 年，世界人口从 4.3 亿减少到 3.5 亿。

黑死病也为经济学发挥的作用提供了一个戏剧性的例证。[10] 当时劳动力的稀缺使欧洲的实际工资（扣除通货膨胀后的工资）翻了一番。土地突然间变得相对充裕，因而租金下降。这有助于改变权力的平衡，使之向有利于农民而非土地所有者的方向转变。黑死病在很大程度上扼杀了封建制度。

黑死病还对价格产生了影响。小麦等简单食品变得更加便宜，而需要大量劳动力的制成品则变得更加昂贵。随

着工资上涨和地租下降，农民将生产转向畜牧业等土地密
集型农业。工人的工资增加，于是他们开始食用更多的肉
类。人们对啤酒的需求不断增长，这是那个时代生活水平
的标志。

描绘黑死病的木刻版画（约1665年）

　　虽然按照现在的标准来看，欧洲经济的增长可能较为
缓慢，但是在 15 世纪，欧洲已是全球最富裕的地区。正
如我们所见，欧洲成功的根源在于运气。与非洲和美洲相
比，亚欧大陆拥有更多可移植的植物和可驯化的动物，其
广阔的地域使人们能够在同一气候带内进行更多的流动。

第三章

航海时代

英雄与罪犯，天使与魔鬼

欧洲的相对繁荣为航海技术的稳步发展提供了资金。这个时代的船只都是三桅或"全桅杆"的，船体更加坚固，使用船舵代替舵桨。帆的改进使迎风航行成为可能。船只越大，可以航行的航程越长。更好的罗盘、地图和对风向的了解使船只能够沿着最快的路线航行。航海罗盘的发明使水手可以计算出船只所在的纬度。

尽管如此，还有很多早期探险家未曾涉足的地方。

1492 年，当克里斯托弗·哥伦布横渡大西洋时，他期望到达印度和中国，而不是美洲（西印度群岛命名错误就反映出这一偏差）。其他主要探险队紧随其后出发。1498 年，达·伽马开辟出一条通往印度的海上航线。1519 年，斐迪南·麦哲伦开启了首次环球航行的探险（不过麦哲伦本人并没有成功返航，他于菲律宾的一场战斗中丧生）。经济因素是这些探险的核心——探险家希望通过新产品、新市场、新土地为他们的航程筹备资金。

发现新国家和降低运输成本都是贸易增长不可或缺的因素。在 16 世纪，"哥伦布大交换"（Columbian Exchange）[○]将玉米、马铃薯和辣椒从美洲带往欧洲，将橘子、糖和猪带往美洲。不幸的是，它也将天花、麻疹、流感和水痘等疾病带到了美洲，导致个别地方五分之四以上的人口死亡。

贸易令人反感的另外一个方面是，1501 年至 1866 年，它使 1200 多万人被贩卖至大西洋彼岸。[1] 这一残酷行径的规模之大令人惊愕。[2] 在 18 世纪，欧洲人将约 10% 的非洲人口贩卖至大西洋彼岸。他们被装上船，饱受饥饿，易

○ 在人类史上，这是关于生态学、农业、文化许多项目的一件重要历史事件。——译者注

患疾病，超过十分之一的人未能在贩卖途中幸存下来。

在奴隶市场上，父母与子女、丈夫与妻子之间分离是家常便饭。对新奥尔良奴隶市场（美国最大的奴隶市场）的一项分析估计，五分之四以上的被贩卖奴隶与直系近亲属分离。[3]

葡萄牙人贩卖的奴隶数占被贩卖奴隶总数的近一半，大概有三分之一的奴隶被贩卖到巴西。西班牙人、法国人和荷兰人也是出名的奴隶贩子。在加勒比海地区和美洲的殖民地，奴隶被迫种植劳动密集型作物——起初是甘蔗，后来是棉花和烟草。蓄奴是欧洲一些国家财富的主要来源，到18世纪末期，蓄奴收入约占英国国民收入的5%，而且蓄奴还推动了英国工业的发展。[4]

在同一时代，黄金和白银成为重要的出口产品。1500年至1800年，成千上万吨白银从墨西哥和玻利维亚运往西班牙。然而，在欧洲列强相互敌对的时代，如果遇到别国的船只，水手就不能指望安全通行。在一起事件中，英国探险家出身的海盗弗朗西斯·德雷克抢劫了一艘载有36公斤黄金和26吨白银的西班牙船只。他在英国被誉为英雄，而在西班牙被骂为罪犯。

但也许西班牙不应该对德雷克的抢劫行为感到如此义

愤填膺，因为大量涌入的黄金、白银最终会损害其经济。[5]贵金属是当时的货币，因此满载金银的船只的到来就如同现代政府印制了太多的钞票，导致商品价格和服务价格上涨，进口增长和出口萎缩。显然，贵金属运抵的地区安达卢西亚最早遭受波及。

西班牙的船舶、绳索和丝绸制造商发现自己无法在世界市场中竞争，其生意也随之崩溃。1500 年，西班牙是世界上最富有的国家之一。两个世纪之后，西班牙沦为穷乡僻壤。西班牙的经历给我们的启示是现代的"资源诅咒"，即宝贵的矿产资源最终可能会使一个国家陷入贫困。在低收入国家中，那些拥有大量资源储量的国家往往增长较慢。

美第奇家族

历史上最成功的慈善家之一是意大利的美第奇家族。美第奇家族通过赞助一大批艺术家，包括伯鲁乃列斯基、波提切利、达·芬奇、米开朗基罗和拉斐尔，促进了意大利的文艺复兴。他们支持天文学家伽利略，建造了佛罗伦萨的波波里花园和乌菲齐美术馆。

美第奇家族的成员最初来自托斯卡纳北部的一个村

庄，在12世纪搬到佛罗伦萨，以从事纺织品贸易为生。1397年，这个家族成立了美第奇银行，成为欧洲最大的银行。它是最早使用复式簿记的银行之一，并得益于佛罗伦萨强大的手工业——由一系列强大的行会控制。

作为银行家，美第奇家族对经济稳定十分感兴趣，并与佛罗伦萨其他强大的家族建立了关系。它们的重点是通过贸易来获取资源，而不是通过军事征服来夺取土地。在15世纪的大部分时间里，佛罗伦萨由美第奇家族三代成员统治：科西莫、皮耶罗和洛伦佐。

洛伦佐·德·美第奇，人称"伟大的洛伦佐"，是意大利文艺复兴最重要的赞助人

美第奇家族在佛罗伦萨的统治曾两次被中断（1494年至1512年和1527年至1530年），但他们继续在意大利建立自己的势力。1513年至1605年，美第奇家族产生了四位天主教教皇——利奥十世、克莱门特七世、庇护四世和利奥十一

世。在同一时代，这个家族还产生了两个法国王后：凯瑟琳·德·美第奇和玛丽·德·美第奇。该家族的权力在18世纪逐渐衰落，但他们对艺术和建筑的持久影响至今仍激励着富有的赞助人。

疾病模式塑造的"大发现时代"

尽管欧洲殖民者带去了致命的病毒，但他们也易感染当地的疾病。由于风险差异巨大，疾病模式塑造了"大发现时代"[一]（Age of Discovery）的殖民主义模式。17世纪初期，英国的"朝圣者之父"[二]曾考虑乘坐"五月花号"航行至南美洲的圭亚那，但最终选择了美国，因为圭亚那的死亡率很高。在西非，疟疾和其他热带疾病在欧洲移民抵达后的第一年就夺走了约一半人的生命——有效地阻碍了人们修建道路和设立机构的努力。在死亡率高得可怕的地

[一] 又名探索时代或地理大发现，新航路的开辟、大航海时代，是15世纪到17世纪欧洲船队在全球的远洋探索。——译者注

[二] 在美国殖民历史上，马萨诸塞州普利茅斯的定居者，新英格兰的第一个永久殖民地（1620年）。最初被称为老来者，后来被称为祖先，直到他们到达两个世纪后才被称为朝圣者之父。——译者注

区，几乎没有投资的动力。

在加拿大、美国、智利和澳大利亚等定居者死亡率相对较低的国家，殖民列强投资于从铁路到大学的一切领域。在尼日利亚、安哥拉和马达加斯加等定居者死亡率较高的国家，殖民关系从根本上讲是榨取性的，旨在榨取尽可能多的财富。定居者掠夺奴隶、黄金和其他贵重商品。

在殖民时代末期，比利时国王利奥波德二世对刚果展开无情地掠夺：杀戮、残害当地居民和偷窃当地居民的财物，种种榨取式行径糟糕至极。虽然没有任何理由可以为榨取式殖民主义的残暴行径开脱，但疟疾流行率的差异有助于解释欧洲定居者在美国的投资为何远超在西非的投资，以及跨大西洋奴隶贸易为何从东向西展开，而不是相反方向。

殖民统治并非总是政府的行为。历史上最大的公司可能是荷兰东印度公司，这是由几家贸易公司于1602年合并而成的跨国公司。在接下来的两个世纪里，荷兰东印度公司拥有武装力量、建造堡垒、与当地统治者缔结条约，总的来讲，荷兰东印度公司表现得同一个殖民大国相差无几。该公司从事香料、丝绸、咖啡、甘蔗和葡萄酒贸易，拥有数百艘船只，雇用了成千上万的人。该公司的业务以印度尼西亚为中心，在中国、日本、印度、斯里兰卡和南非均设有主要子公司。

1601年，荷兰东印度公司的第一支舰队离开伍尔维奇

因为投资者可以购买荷兰东印度公司的股票，所以它是世界上第一家上市公司。从投资者的角度而言，荷兰东印度公司之所以具有投资吸引力，是因为它可以分摊风险。股票持有者可以将少许资金投入到许多不同的航海探险中，而非将所有资金都押注在一艘船上。

航海业有潜在的利润可图，但也极具风险。海盗、风暴和坏血病都有可能导致航行失败。股票价格可能突然变化。就像大多数现代投资者偏好广泛的股票投资组合一样，17世纪的投资者偏好将资金投向大公司。投资者还青睐荷兰东印度公司的垄断地位，因为荷兰政府授予它代表荷兰在亚洲经营的特权。但是客户为此付出了代价，因为该公司利用其市场地位，在其控制的航线上收取过高费用。

英国东印度公司也是如此，该公司的垄断地位使其能够铸造货币、组建军队、征收税款、进行刑事审判并从亚洲和非洲贩运奴隶。在当时被称为"香料群岛"的马鲁古群岛，[⊖]该公司与荷兰同行之间的冲突引发了四次英荷战争。在印度，英国东印度公司的权力多半不受约束。通过武力和与印度各地统治者缔结条约，英国东印度公司控制了印度次大陆三分之二的土地——今天构成印度、巴基斯坦和孟加拉国的地域。[7]英国东印度公司以令人大为惊叹的方式影响了我们的世界。

美国革命之初，英国东印度公司的茶叶被倾倒在波士顿港，其向中国出售鸦片而产生的冲突引发了鸦片战争。茶商托马斯·特宁和大学赞助人伊莱胡·耶鲁的职业生涯起步就是为英国东印度公司工作（该公司以贪污为由解雇

⊖ 印度尼西亚所属群岛。——译者注

了耶鲁，他的不义之财帮助他创办了以他名字命名的耶鲁大学）。

聪慧的经济学

公海上的风险催生了巧妙的经济解决方案。在古希腊，组织航运的人出售"船舶抵押债券"（bottomry bonds），如果船只到达港口则支付高额利息，但若船只沉没则不用支付任何利息。1293 年，葡萄牙国王丹尼斯创建了欧洲首只海上保险基金，允许商人在无须承担全部灾害风险的情况下组织航行。[8] 保险的起源在今天仍具有现实意义。当保险承保的是毁灭性风险时，其作用发挥到最大，比如房屋被烧毁、撞上豪车、家庭唯一经济支柱的死亡等。如果一件物品的成本低于你的单月收入，你最好还是承担风险。所以要为你的房屋投保，而不是为你的手机投保。

纵览历史，人类面临的最大风险之一就是资源枯竭。如果一开始就没有多少资金，就很难为贫困投保。在还没有社会保险的中世纪，赤贫者几乎得不到任何帮助。在英国，对没有工作能力的人的援助源于一种强烈的道德意

识，即福利只提供给"应得的穷人"。在 16 世纪，乞讨者
会遭到鞭笞、监禁、烙印（用字母"V"代表流浪者）甚
至绞刑的惩罚。这让许多没有工作能力的人只能在挨饿或
者受罚之间做出选择。

1561 年法国创建了一个穷人救济制度，该制度要求
地方当局向穷人提供援助，同时授权当局要求体格健全的
人用工作来换取他们获得的任何援助。1601 年英国的《济
贫法》也秉承了相似理念，该法通过教区向受救济者提供
微薄的口粮，但拒绝向"不值得救助的穷人"提供"教区
面包"。即使社会有能力养活那些挨饿的人，但人们也要
对提供口粮会削弱工作积极性持以充分的关注。

莎士比亚的大部分戏剧创作于 1590 年至 1610 年。在
观看《哈姆雷特》或《罗密欧与朱丽叶》时，我们能感到
这位吟游诗人和他那一代人离我们很近，他们在爱情、希
望和背叛中挣扎。戏剧中甚至还有经济方面的教训——
《暴风雨》警示我们全球商业的危险，《威尼斯商人》探讨
了合同执行问题，《亨利四世》则包含了对稀缺性的深刻
见解。

但从另一个意义上说，莎士比亚的世界离我们还很遥
远。他所处的时代是一个充满奴役和迷信的时代。在 16

世纪和 17 世纪，近 100 万人因巫术罪而受害。在德国的
一个小镇，一天就有 400 人被杀，其残忍程度可见一斑。
大多数受害者是贫困妇女，其中许多是寡妇。经济学家艾
米莉·奥斯特在一项有趣的分析中指出，歉收是巫术审判
的有力预兆。[9]当经济条件恶化时，人们会寻找替罪羊。
巫术审判最活跃的时期恰逢"小冰期"⊖最寒冷的时期：16
世纪 90 年代以及 1680 年至 1730 年。

郁金香狂热

郁金香是在16世纪中期从奥斯曼帝国引入欧洲的。郁
金香强烈的颜色使它们不同于当时在欧洲看到的任何一种
花卉。植物学家培育了不同的郁金香品种，创造了丰富的
颜色。园艺家发现，用花叶病毒感染郁金香的鳞茎，就有
可能创造出带有第二种颜色条纹的花瓣。

凭借荷兰强劲的金融市场，17世纪荷兰成为郁金香的
流行中心。郁金香的销售旺季发生在郁金香的休眠期，即
每年的6月到9月，在这段时间里郁金香的球茎可以挖出
来，然后重新栽种。

⊖ 大约 15 世纪开始，全球气候进入一个寒冷时期。——译者注

随着人们对郁金香狂热地迷恋，感染花叶病毒的郁金香的价格飙升。这并非是完全不合理的，因为一棵时尚的郁金香只能通过受感染的母球茎发芽繁殖，而不能通过普通的种子繁殖。1625年，一个"永远的奥古斯都"郁金香球茎以2000荷兰盾的价格售出，相当于现在的16 000美元。[10]1637年，郁金香球茎的价格暴跌。

"永远的奥古斯都"郁金香在17世纪20年代的欧洲引起了轰动

郁金香市场的崩溃通常被认为是历史上最早的金融泡沫之一。但就像所有的好故事一样，这个故事也有夸张的成分。经济学家观察到，只有那些最稀有的球茎（感染了花叶病毒的球茎）才需要支付如此高昂的价格，而且普通球茎的价格在5年的时间里下降了四分之二到五分之四——下降幅度并不像某些时候报道的那么大。

郁金香狂热鼓励了创新的绽放。到了18世纪早期，荷兰植物学家培育了许多新品种，风信子取代郁金香成为欧洲最时尚的花卉。与其他金融泡沫不同的是，郁金香狂热并没有影响到荷兰经济，荷兰经济在这一时期持续繁荣。

第四章

工业革命与国家财富

工业革命改变人类世界

在人类历史的长河中，生活水平的提高是一个相对较新的现象。正如我们所见到的，农业革命使人口增长，但大多数人的物质条件几乎没有改变。在 1000 年时日本平均实际收入为每人每天 2.8 美元，在 1700 年时平均实际收入为每人每天 2.9 美元。[1] 这并不是一个特例：在这个时代，子女过上比父母更优越的生活并不常见。

事实上，一位生态历史学家更进一步指出，在 18 世纪，世界上大多数人的生活并不比他们在非洲大草原上的祖先好多少。[2]他们的身高并没有变得更高，预期寿命也没有更长，卡路里也没有消耗得更多。在简·奥斯汀的小说中，那些品茶的贵族是贫穷成为常态的世界里的极少数例外。在大多数情形下，经济增长带来了人口的增长，但人们的生活水平并没有更高。

这一切都随着工业革命的发生而产生改变。工业革命之后，人类的预期寿命提高了 1 倍，实际收入提高了 14 倍，平均身高增加了约 10 厘米。[3]在现代经济中，我们预计经济增长将给一代又一代人带来更高的生活水平。但在工业革命之前，经济增长是不稳定且缓慢的。

经济学家罗伯特·艾伦认为，理解工业革命的最佳方式是将其视为一系列相互关联的革命。[4]因为植物选育、改良土壤耕作和轮作，英国农业生产率很高。由于生产粮食所需的人数下降，英国经历了一场"城市革命"，到 1750 年，有四分之一的人口居住在城市。城市化又反过来推动了"商业革命"，这是伦敦和英国其他城市密集社交网络的产物。进出口迅速增长，私人银行兴起，为航运贸易提供了便利，同时城市还可以赋能创新。正如经济学家阿尔弗雷德·马歇尔后来所指出的那样，物理上的近距离创建了一种可被感觉到的东西——能迅速分享和改进新想法的环境。正如今天硅谷的科技公司比其他地方的科技公司生产力更高一样，在工业革命时期，英国城市中实业家的生产力也更高。

在这些环环相扣的革命中，最重要的是技术革命。在18世纪，一股小工具浪潮席卷了英国。[5]詹姆斯·哈格里夫斯的"珍妮纺纱机"可以让工人同时纺出多根线，这使单次生产过程中棉线的生产效率提高了100倍。[6]另外，

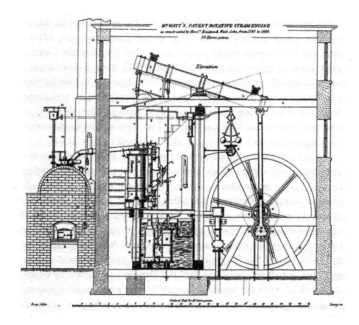

1769年获得专利的詹姆斯·瓦特发明的煤动力蒸汽机

人们使用焦炭而非木炭，采用搅拌法生产棒状铁，建造更大的高炉，使炼铁业发生变革。托马斯·纽科门于1712年发明了蒸汽机，詹姆斯·瓦特在18世纪60年代至70年代对其进行了改进。英国丰富的煤炭储量对蒸汽机的成功至关重要，从那时开始，大气中的碳不断堆积，而我们现在才意识到碳的堆积会导致气候变化。

"通用技术"能够推动经济发展的创新，但通常需要时间才能产生影响。以煤为动力的蒸汽机最终实现工厂的革新、航运业的转型和火车的驱动方式，然而制造商需要时间才能充分利用煤电。当詹姆斯·瓦特的专利于1800年到期时，英国工厂使用的水电仍然是煤电的3倍。[7]第一条主要铁路线（从利物浦到曼彻斯特）直到1830年才开通。直到19世纪中叶，英国劳动者生产率的提高才有一半归功于煤炭。工业革命持续如此之久的原因之一是，人们花了将近一个世纪的时间才学会如何正确地利用煤炭。

其他通用技术也有类似的模式。电动机发明于19世纪80年代，但直到20世纪20年代对流水线进行重新配置以有效使用电动机时，其生产率才得以提高。类似地，20世纪80年代初期，数百万人购买个人电脑，但直到20

世纪 90 年代末期，当办公室工作需要围绕电脑重新进行安排时，新设备的生产率才有所提高。就煤电、电动机和电脑而言，通用技术在短期内表现不佳，但在长期内则令人赞叹不已。

饱受蹂躏的时代

制度对工业革命至关重要。资本市场允许投资者筹集资金，保险市场能够使投资者规避风险。在英国，货币相对稳定，法院相对独立。英国君主的权力受到限制，国会议员普遍对工业和创业都抱有良好的态度。这为冒险和长期投资创造了肥沃的土壤。[8]

现代经济学与工业革命一样，都是在同样严峻的考验下诞生的。1776 年 3 月 8 日，苏格兰人詹姆斯·瓦特的第一台盈利的双缸蒸汽机进入市场。[9]第二天，另一位苏格兰人亚当·斯密出版了经济学奠基之作《国富论》。《国富论》是一部具有惊人独创性思想的著作。斯密 14 岁进入格拉斯哥大学学习，17 岁开始在牛津大学贝利奥尔学院攻读研究生。可能源于在牛津大学的经历，斯密形成了不墨守成规的思想。正如一位传记记者所写的，斯密所在的学院"詹姆斯二世党、保守党等派别林立，费用昂贵，且具有苏格兰人恐惧症；而亚当·斯密是长老会教徒、辉格党人，是善于交际且吝啬的苏格兰人"。[10]斯密既热情又古怪。据说他曾穿着睡袍走出家门，边走边思考经济问题，当他走到19公里外的一个城镇时才意识到自己的错误。还有一次，在兴致勃勃地讨论自由贸易问题时，他好像掉进了一个制革坑里。[11]

《国富论》开篇就讲述了一个别针工厂，说明了专业化的力量。斯密认为，一个工人单独工作，一天能制作一枚别针就已经很不错了。但是一个由10个人组成的团队，专门从事于不同部位的别针制作，每人每天可以制作出4800枚别针。斯密还解释了，在市场体系中，人们表面上的利己主义是如何有益于社会的，他指出："我们期待我们的晚餐，不是来源于屠夫、酿酒师或面包师的仁慈，而是出于他们对自身利益的考量。"市场发挥着强有力的协调作用。这就是为什么在计划经济中更有可能看到肉类、啤酒和面包的短缺。

斯密认为市场并不完美。与遵循他的思想的一些经济学家不同，他很担心垄断、商业对政治的过度影响以及公司之间的串谋。他写道："尽管同行业的人很少聚在一起，但行业间的商谈通常以针对公众的阴谋或者以某种提高价格的诡计而告终。"当时，几乎没有什么可以阻止公司串谋来损害公众利益，利用其市场力量将价格抬高到远高于生产成本，并拉拢政府通过制定法律来阻止新公司的进入。

就在工业革命开始之际，大西洋两岸也发生了政治革命。美国《独立宣言》（1776 年）和法国大革命（始于1789 年）都起源于个人自由原则。正如市场将个人偏好聚合成价格和数量一样，民主选举也将个人偏好聚合成政府。两个多世纪过去了，事实证明：市场经济体制下的生活水平更高。同样，民主国家往往更加富裕，在卫生和教育方面的支出也更多。历史上很少见过两个完全民主的国家开战。[12]

然而自由市场和民主并不总是相辅相成的，但两者之间存在某种协同作用。封建制度的崩溃表明，人们可以选择自己的职业。随着经济日益独立，人们自然而然也希望在选择自己的政府方面拥有发言权。

然而，这也是一个饱受战争蹂躏的时代。在 1792 年到 1815 年的 20 多年里，法国人挑起了一系列的冲突（被称为革命战争和拿破仑战争）对抗一些欧洲对手。到

1815年拿破仑最终战败时，已有数百万人丧生。这种代价高昂的冲突也对宏观经济造成了影响。

与此后许多政府一样，英国政府在18世纪90年代决定通过印制更多的钞票来支付军备费用。早在1717年，英国就采用了金本位制，允许纸币持有者用纸币兑换黄金。在货币供给大幅增加后，英国政府暂时中止了纸币持有者用纸币兑换黄金的权利，并在3年内将物价水平提高了59%。一副具有贬损意义的漫画使评论家将英格兰银行称为"老妇人"，该称呼一直沿用至今。[13] 在大萧条时期，

詹姆斯·吉尔雷的一幅讽刺政府金融政策的漫画，
人们戏称英格兰银行为"老妇人"

金本位制基本被淘汰，在 1944 年的《布雷顿森林协定》中金本位制得以部分恢复，但在 20 世纪 70 年代初被彻底抛弃。

功利主义与经济学

这一时期的经济思想根源于哲学。哲学家杰里姆·本瑟姆在 1776 年写道："衡量对错的标准是最大多数人的最大幸福。"本瑟姆通常被视为现代功利主义的创始人。现代功利主义者认为，如果我们可以做选择，我们应该偏好能为最大多数人带来最大利益的结果。

功利主义有时似乎显而易见。如果一艘船正在下沉，若你可以安全地在救生艇上容纳两倍的人，那么结果就会好两倍。但功利主义也会得出令人不安的结论。当一列火车驶向 5 个人时，你是否会按下开关，让火车驶向只会杀死其中 1 个人的轨道？又或者，如果你在一个医疗中心，有 5 个人由于需要一个重要的器官而濒临死亡——你会从下一个走进门的健康的人身上摘取他们所需的身体器官吗？

尽管功利主义偶尔会带来令人不安的暗示，但它是当下经济学家使用的主要思维框架。在本瑟姆研究的基础上，英国经济学家威廉姆·斯坦利·杰文斯提出了一种越来越数学化的方法，解释了边际效用递减规律。任何一个在热天喝第一杯水比第二杯水更加享受的人都经历过边际效用递减。这一简单原理却有着惊人的广泛含义。它解释了为什么大多数人偏好多样化的饮食且喜欢去不同的地方旅行。

在不同的人群中，边际效用递减规律可以用来证明累进税和社会福利的合理性。如果 1 美元给一个战士带来的幸福感比给一个亿万富翁带来的幸福感更多，那么再分配就可以提高整体效用。这个战士可能会用这笔钱看牙医，而亿万富翁可能会在私人飞机上选择稍微好一点的内饰。

英国哲学家约翰·穆勒提出"经济人"概念：将人们塑造成追求福利最大化的人。[14] 穆勒还帮忙介绍了机会成本的概念——你所放弃的下一件最好东西的价值。例如，上夜班的机会成本要高于上白班，因为通宵意味着失去规律的睡眠时间和同朋友、家人社交的时间。同样地，请假攻读全日制工商管理硕士学位所损失的收入就是机会成本。机会成本也是一种有助于决策的方法。例如，如果你对购买一件昂贵商品犹疑不决，一个方便的经验法则就是将其与你可能花费这笔钱的下一个最佳方式进行比较。也许，购买时尚服装的机会成本就是去观看你最喜欢的乐队的演唱会。

"拉上窗帘"，与太阳竞争

时代的发明会对当时的思想发展产生影响。1835 年，德国化学家尤斯蒂斯·冯·李比希通过在玻璃上沉积一层薄银，发明了现代镜子。因此，人们可以准确地看到自己的长相，这是历史上的第一次。正如历史学家史蒂文·约翰逊所言："在镜子发明以前，普通人在一生中从未看见过自己真实的面容，有的也仅仅是在水池或抛光的金属表面看到过自己支离破碎、扭曲变形的样子。"[15] 镜子使艺术家能够绘制自画像。他们创建了一个更加以自我为中心的世界，有助于推动现代资本主义和市场体系。反过来，这又带动了镜子的销量。

钟表也重塑了社会。随着钟摆的发明，钟表变得比日晷更加精确，对家用钟表的需求开始激增。因为发明了游丝，手表的精确度得以大幅提高。随着计时设备精度的提升，发明家增设了分针（这在以前还没有精确到要为此费

心的程度）。这使工厂得以制定轮班时间表，并合理预期
工人到岗的时间。同时，分针也为依靠时刻表的火车旅
行提供了便利。精确的计时器对于海上旅行而言是一种福
音，因为海洋计时器可以确定船只的经度。优质钟表加速
了从家庭作坊式生产到大规模生产、从家庭教育到公立学
校教育的转变，以及从前工业时代的无规则节奏到工业时
代的纪律性的转变。[16]

　　并非所有人都对支撑工业革命的新发明感到兴奋。
1811 年，一群心怀不满的纺织工人秘密会面，以"奈

描绘"奈德·卢德"（鲁德派运动中虚构的人物）的画版

德·卢德"为笔名写信给工厂主,威胁说如果要继续使用机械针织机,就砸碎它们。数千人加入他们的行列,传说奈德·卢德像罗宾汉一样住在舍伍德森林。诗人拜伦勋爵甚至支持卢德派,他在上议院第一次演讲中就认为卢德派是"诚实勤劳"的,他们的暴力行为是"最无与伦比的苦难"的产物。他的观点属于少数派。英国政府通过法律将破坏机器的行为定为死罪,并动员大量士兵对付他们,以至于与卢德派作战的士兵人数一度超过了与拿破仑一世作战的士兵人数。卢德派中的不少人因他们的罪行被押往澳大利亚。

虽然这一时期手摇纺织机织工的实际工资有所下降,但卢德派关于技术变革会导致大规模失业的说法却是错误

威斯敏斯特联合救济院的妇女们

的。[17] 从 1811 年到 1821 年的 10 年间，英国经济中就业岗位数量增加了 10% 以上。[18]

随着人口增长和流动性增加，管理福利制度的人越来越难以了解受助人的个人情况，而这种了解对于英国以教区为基础的福利制度而言至关重要。这导致了非个人化救济院的建立，这是一种认为穷人天生懒惰，只有通过辛勤劳动才能换取救济的制度。1834 年英国颁布的新《济贫法》利用救济院为穷人提供食物和住房。

救济院不想养活所有人。由于救济院外的生活非常艰苦，因此救济院增加了一些让住在救济院的人感到十分不舒服的地方，比如让救济院的人穿像在监狱一样的制服以及将男女分隔开。考虑到英国精英阶层是"土豪劣绅"，他们的财富来自继承的房地产，因而穷人似乎比富人更辛苦。乔治·艾略特、托马斯·哈迪和查尔斯·狄更斯等 19 世纪的小说家也没有忘记这种虚伪，他们记录了救济院制度的残酷。在爱尔兰，当 19 世纪 40 年代马铃薯歉收时，该国的《济贫法》被证明是并不完全有效的，约 100 万人丧生，同样数量的人逃离爱尔兰。

由于被迫与新产品竞争，工业家经常向政府寻求援助。法国经济学家弗雷德里克·巴斯夏嘲笑了这些说法，他写了一份讽刺性的请愿书，认为烛台制造商不可能与"一个显然在比我们优越得多的条件下生产光的竞争对手进行毁灭性的竞争"。为了与太阳这个对手竞争，请愿书要求制定一项法律，规定任何时候都必须拉上窗帘。请愿书认为，这样做可以为农民、捕鲸者和烛台制造商创造就业机会。

巴斯夏以调侃的口吻写道，他提出了一个关键的经济观点：封锁新技术的成本往往是看不见的。如果人们使用更多的蜡烛，就不得不削减其他方面的开支。在另一份虚假的请愿书中，巴斯夏恳求政府禁止所有人使用右手，理由是这将大幅增加对工人的需求。这种说法有时被称为"劳动力总量谬论"——认为有固定数额的工作需要完成，这些工作可以简单地在人群中重新分配。事实上，由于工人也是消费者，使工人生产率降低的变化可能会减少其收入，进而缩减开支，这反过来又会对经济造成负面的影响。

巴斯夏被誉为"有史以来最杰出的经济记者"。[19] 鉴于巴斯夏的公共职业仅持续了六年，他就被肺结核夺去了生命，他对经济学的影响更为显著。尽管经济学原理主要由英国和北美的思想家塑造，但法国思想家在 18 世纪和 19 世纪的影响也尤为深远。"企业家"和"自由放任"（顺其自然）这两个术语反映了这一时期法国的影响力。

工业革命的技术变革与贸易增长同步进行。到 19 世纪，贸易已改变了全世界人民的生活。婴儿床、毛织品以及火柴、针、雨伞和窗户玻璃大量涌入中国。[20] 欧洲人喝茶、吃巧克力，用银币交易。

并不是所有人都喜欢贸易，原因很简单，便宜的进口商品会使国内生产商破产。意识到这一点，国内生产商可能会游说立法以阻止进口。损失惨重的少数人在政治上的影响力往往大于获利甚微的多数人。即使多数人的总收益大于少数人的损失，情况也是如此。这种政治态势导致英国在 1815 年对谷物进口征收关税，以保护当地农民，其结果是英国小麦的价格是荷兰价格的两倍。[21] 关于《谷物法》的斗争是经济学发展的一个关键点。大卫·李嘉图是早期反对关税的活动家之一。

李嘉图年轻时就作为股票经纪人赚了一大笔钱。随后，他转向政治和学术生活，购买了一个议会席位。他迷上了经济学，在度假时发现亚当·斯密的著作，并决定将自己的议会生涯奉献给废除《谷物法》，李嘉图相信这将使英国成为"世界上最幸福的国家"。[22] 李嘉图的著作比斯密的著作还要晦涩难懂，一位议会同僚形容李嘉图"争论时如同从另一个星球掉下来的人一样"。[23] 然而，他提出了比较优势的概念（我们前面提到过）——这一概念对解释为什么即使是生产率最低的国家也能从国际贸易中获益至关重要。尽管李嘉图在《谷物法》废除之前就已离世，但他在推动英国走向自由贸易的道路上发挥了至关重要的作用。

第五章

贸易、旅行与科技腾飞

没有一个国家是被贸易毁掉的

19 世纪 40 年代，一系列歉收事件推高了英国的粮食价格。这 10 年后来被称为"饥饿的 40 年代"。城市实业家日益增长的力量让农村贵族感到了巨大的压力。有一段时间，经济学占据了英国政治辩论舞台的中心。1843 年，在反《谷物法》同盟的帮助下，《经济学人》创刊。用该杂志的早期总编辑沃尔特·白芝浩的话来说，"在世界历史上，也许从来没有过这样的时刻：一群兴奋的男男女女

69

将政治经济学的一席话常挂在嘴边"。[1] 关于自由贸易的争论席卷了整个英国，人们用诗歌、刺绣品、半身像和蛋糕来纪念这场争论。[2] 1846 年，《谷物法》被废除。一项分析显示，只有收入排名前 10% 的英国人境况变差了，而其他 90% 的人则从中受益。自由贸易的力量取得了这场战役的胜利。

在其他地方，贸易是一场实实在在的战斗。

受英国"要么贸易，要么死亡"政策成功的鼓舞，美国于 1853 年向日本派遣了四艘军舰，要求该国结束贸易限制。这次入侵帮助日本结束了接近 7 个世纪的幕府时代，这是一段由日本军事独裁者统治的历史时期。最后一个幕府（德川幕府）削减贸易，限制外交关系，并禁止几乎所有进出日本的旅行。1868 年，明治维新巩固了日本天皇的权力，开始向世界开放日本。明治政府也非常重视教育，这反过来又使日本能够更快地采用技术。

在"富国强军"的口号下，日本的现代化者废除了种姓制度，允许人们从事任何工作。[3] 当时将近 200 万的武士被国家军队所取代，所有男性都必须服兵役。日本政府优先考虑对铁路和电报系统的投资，并采用西方技术来解释日本劳动力比欧洲和北美更便宜的事实。与西方列强签订的一项条约规定，日本的关税上限为 5%，因此日本无法将外国竞争者拒之门外。相反，国家主导的经济发展对日本生产力的快速提高至关重要。

美国博学多才的本杰明·富兰克林曾经写道："没有一个国家是被贸易毁掉的。"然而，即使他们鼓励其他国家开放，欧洲和北美仍对进口商品征收关税。这样做的部分原因在于对收入的需求。在广泛征收所得税之前，关税是许多国家的主要收入来源。拿破仑战争或美国南北战争等战争的资金往往来自提高的关税。

关税易于管理，并对政府预算有利，但它对整体经济不利。关税通常被比喻为一个国家通过在自己的港口放置岩石来阻碍航运。不管贸易伙伴怎么做，消除壁垒（废除关税）对一个国家都是有好处的。但在实践中，各国往往更加重视出口而不是进口。

在这种"重商主义"的做法下，各国通常同意只有在贸易伙伴也削减关税的情况下，它们才会削减关税。这种类型的早期交易发生在 1860 年，当时英法签署协议，英国同意取消几乎所有的关税，以换取法国降低关税。该协议包含一项"最惠国待遇"条款，这意味着贸易伙伴也能得到提供给任何其他国家的最优惠待遇。在此后的十多年里，欧洲各国签订了贸易协定，其中的"最惠国待遇"条款帮助自由贸易在整个欧洲大陆传播开来。[4]贸易有"拆分"生产和消费的作用。[5]贸易意味着商品不再需要在同一个国家生产和销售。

这一时期的贸易本应有助于最贫穷国家的发展。毕竟，不少帝国通常是以自由贸易区的形式来运作的。1869年苏伊士运河的开通，使伦敦到阿拉伯海的航程几乎缩短了一半。但帝国主义列强严格限制了从其殖民地出口的商品的范围，并为了中心的利益而不是边缘的利益来管理贸易。在这一时期，西欧的经济开始与世界其他地区的经济拉开距离。从1820年到1900年，欧洲的生活水平提高了一倍多，而亚洲和非洲的生活水平则完全没有提高。[6]

公司的理念是推动工业革命的基础。就如荷兰东印度公司和英国东印度公司允许投资者在多个航海探险中分担风险一样，工业公司也允许金融家在这个时代分担新企业的风险。公司早在罗马时代就已经存在了，但事实证明，在需要冒险的情况下，如勘探矿藏、在新地区修建铁路或销售新产品，公司是至关重要的。公司还鼓励专业化，通过提供一种工具，一个富有的投资者可能会支持一个身无分文的企业家的商业理念。1855年，英国通过了《有限责任法案》，规定如果公司倒闭，债权人不能通过追究股东个人责任的方式来追讨债务。

公司解决了如何让投资者把钱投入有风险的企业的问题，即限制下跌，这样所有者的损失就不会超过他们的投资。但他们也成了大雇主，其议价能力大大超过了工人。解决这一问题的办法是建立工会，工人们在工会中组织起来，要求得到更好的工资和工作条件。然而，在工业革命的最初几十年里，工会是非法的。1834 年，6 名后来被称为"托尔普德尔烈士"的英国农业工人被流放到澳大利亚，以作为对他们组建工会的惩罚。在公众游行和 80 万名支持者签署请愿书之后，对他们的判决被推翻。这标志着社会对工人权利的大力支持。

工业革命的成果花了很长时间才流向工人。到 19 世纪 30 年代，即工业革命开始半个世纪之后，工人的实际工资几乎没有增长。其他指标也显示出类似的模式。19 世纪初，英国人的预期寿命在 35 岁到 40 岁，几乎不比 16 世纪高。[7] 此外，因为缺乏卫生设施，拥挤的环境助长了疾病的传播，城市居民的预期寿命可能比农村居民的预期寿命还短 10 年。这个时代的医学水平几乎没有得到提高：用水蛭放血、摄入汞和喝威士忌是常见的治疗方法。

但到了 19 世纪 40 年代，英国的工资开始上涨，其他发展
指标也随之上升。1820 年到 1870 年，英国的识字率从人
口的一半增加到四分之三。[8]

伴随着工业革命而来的是工业规模战。1861 年到
1865 年，美国南北战争蹂躏了这个国家。随着武器的大
量生产，铁路、轮船和电报的使用，南北战争在规模和屠
杀上都是工业化的。超过 60 万名战斗人员（五分之一的
士兵）失去了生命。战争结束时，300 多万被奴役的人获
得了自由。

对于经济学家来说，南北战争的一个显著特征是双方
在资源上的不平衡。更多的人口和更大的经济体量并不能
保证胜利（特别是如果一方愿意在战争中投入更多的资
源）。但金钱很重要。

美国南北战争开始时，北方有 2100 万人口，是南方
900 万人口的两倍多。南方主要是农业经济，而北方生
产全国 90% 的制成品。关键是，北方生产了美国 97% 的
枪支。

从经济角度来看，这场战争的显著特点是南方坚持了
很久。北方拙劣的军事战术使战争时间延长，但最终两个
地区之间的经济差距决定了战争的结果。在美国南北战争

期间，南方 60% 的费用是通过通货膨胀支付的（相比之下，北方只有 13%）[9]。战争结束时，南方大量印钞，从而使得商品价格是战争开始时的 92 倍。

这是一个国家已经建立起来的时代，但跨境旅行基本上是畅通无阻的。很少有人持有护照，前往另一个国家只是登上火车或轮船的问题。1851 年，在澳大利亚的巴拉瑞特镇发现了大规模的金矿，大量移民涌入该地。在随后的 20 年里，澳大利亚的移民人口翻了两番，从 44 万增加到 170 万。

一个世纪以前，英国殖民者把澳大利亚看成一座露天监狱。到 19 世纪末，因犯的运输已经停止，移民从欧洲、亚洲和美洲涌入。许多人想在淘金方面碰碰运气，但也有相当一部分人在其他行业工作，这些行业的工资通常要比他们离开的国家高得多。

澳大利亚工人的收入高于英国和美国工人的收入，部分原因在于在澳大利亚工人稀缺。这给了澳大利亚工人比北半球工人更多的权力。在 1855 年的一次罢工之后，悉尼石匠是世界上第一批争取到 8 小时工作制权利的工人之一。由于地多人少，澳大利亚在 19 世纪 80 年代的工资水平居世界首位，澳大利亚的工人运动在政治上发挥了重要作用。在接下来的几十年里，澳大利亚成为世界上首批允许女性投票和竞选公职、制定国家最低工资标准和在周六举行选举（以最大限度地提高选民投票率）的国家之一。

年长大师和年轻天才

经济学家戴维·加伦森在研究创造性职业时发现了一个有趣的模式：那些在年轻时就做得最好的人往往是概念主义者，他们被一个单一的突破性想法所驱使。相比之下，那些在晚年才产生杰作的人一般都是实验主义者，他们的作品是不断尝试和排除错误的渐进产物。

在艺术家中，拉斐尔、维米尔、梵高和毕加索都是概念主义者，他们最重要的作品都是在早年完成的。毕加索在他25岁时创作出了他的突破性立体派杰作《亚威农少女》。伦勃朗、米开朗基罗、提香和塞尚都是实验主义者，他们在晚年完成了最重要的作品。塞尚说，他觉得自己一直在向完美迈进。

诗人卡明斯和西尔维娅·普拉斯从内心寻找灵感，从概念上构思诗歌，在二三十岁时创作出最好的作品。与此同时，玛丽安·摩尔和华莱士·史蒂文斯则从日常生活的真实经历中汲取灵感，在40多岁时创作出了他们的主要作品。

包括詹姆斯·乔伊斯和美国诗人赫尔曼·梅尔维尔在内的概念小说家，他们最好的作品都是在年轻时创作的。年长大师包括查尔斯·狄更斯和弗吉尼亚·伍尔芙，他们的实验性作品试图反映他们周围的世界。电影导演奥逊·威尔斯

1951年，美国诗人玛丽安·摩尔以《诗歌选集》获得普利策诗歌奖和国家图书奖，当年她63岁

是一位观念上的年轻天才，在他26岁时制作了《公民凯恩》。而克林特·伊斯特伍德是一个实验性的年长大师，在60岁的时候，他才成为一位重要的导演。

概念主义者发现，实验主义者寻求。

创新驱动的社会进步

在其他地方，这个时代见证了社会福利的重大发展。19 世纪 80 年代，随着社会民主党在选举中取得优势，作为保守派的德国首相奥托·冯·俾斯麦向议会提出了一揽子改革方案——提供医疗保险、意外事故保险、老年及伤残养老金。这些改革在当时是世界领先的，尽管以今天的标准来看这些政策还算温和。支撑俾斯麦医疗保险计划的"疾病基金"有三分之二是由工人出资的。养老金支付给 70 岁以上的人，而当时 30 岁的德国人平均只能活到 60 岁出头。[10]

与此同时，医疗保健领域的一些关键创新来自法国。到 19 世纪 60 年代，法国已经建成了世界上最大的排水系统之一——与街道布局相呼应。作家维克多·雨果形容它为"美丽的下水道；纯粹的风格在那里占主导地位"。19 世纪中期，各国开始在世界博览会上展示它们的新发明。在 1867 年的法国国际博览会上，观众被邀请参观下水道。巴黎的家庭很快连接到新的排水系统，这有助于减少传染病的流行（我们可以称之为"排水增益"）。

法国科学家路易斯·巴斯德因伤寒失去了 3 个孩子，他提出了疾病的细菌理论，并在提供更清洁的饮用水和在医院隔离感染病人的政策中发挥了重要作用。在工业革命初期，传染病是城市居民死亡率高于乡村居民的主要原因。有远见的政府使城市变得更加安全，这反过来又促进了城市化。

观众参观由欧仁·贝尔格朗和奥斯曼男爵设计的
巴黎最先进的下水道系统

　　法国产科医生斯蒂芬·塔尼尔发明了用于维持早产儿生命的婴儿保温箱。在1880年参观巴黎动物园时，塔尼尔看到了一个小鸡孵化器的展览，并意识到同样的原理也可以应用于新生婴儿。在三年内，他的发明使他所在医院体重不足的婴儿的存活率从35%提高到了62%。[11] 在随后的几十年里，更好的婴儿护理被证明是预期寿命提高的一个关键驱动因素。婴儿死亡率的降低使许多家庭免于埋葬孩子的痛苦。女性知道她们的孩子更有可能存活下来，所以她们生的孩子更少。

1893 年，法国政府针对穷人制定了一个有限免费医疗保健计划，这反映了法国人在这个时代对医疗改革的重视。这个计划非常受欢迎，在接下来的十年里，它的扩展远远超出了计划设计者的预期。

经济增长支撑了这些社会改革，但它也导致了经济权力的集中。在美国，约翰·洛克菲勒的标准石油公司通过收购、合并、威胁和贿赂等手段几乎消灭了所有的竞争对手。到 1880 年，它控制了美国 90% 的炼油业务。随后，洛克菲勒和他的合伙人建立了标准石油信托——通过一系列错综复杂的操作把股权集中到托管人手中，旨在保护公司的运营免受审查。在这一保护的背后，该组织利用其垄断地位抬高了价格，增加了利润。为了解决这些问题，美国国会于 1890 年通过了《谢尔曼反托拉斯法》。然而，直到接下来的十年，反垄断执法才真正开始实施——这在一定程度上要归功于艾达·塔贝尔等调查记者的工作，他们揭露了标准石油公司的结构。

并非所有聚焦垄断的努力都能达到预期效果。19 世纪后期，女权主义作家莉齐·马吉对科尼利尔斯·范德比尔特、约翰·洛克菲勒和安德鲁·卡耐基等"强盗大亨"的权力感到愤怒。通过阅读经济学家亨利·乔治的著作，马吉认识到垄断可以让极度富裕和极度贫困共存。随后，她开发了一款名为"大地主游戏"的棋盘游戏，旨在对垄断权力进行互动批评。马吉的动机是向玩家展示土地掠夺是如何使房地产所有者和贫困的租户富裕起来的。[⊖]然而，30 年后，帕克兄弟制作了游戏的改良版本，去掉了激进的色彩，并以"大富翁"的名义向公众推销，最大的垄断者成了赢家。马吉仅拿到了 500 美元的报酬，她既没有因为游戏获得荣誉，也没有实现她所期待的持久的社会正义影响。

⊖ 为了让大家看到土地私有的害处，游戏中加入了"垄断"和"繁荣"两个规则。"垄断"规则就是如今最常见的玩法，玩家通过购买、升级房产来收取高额的租金，在经历地产竞争后，其他玩家会逐一破产，最终只有一个资本家存在，形成垄断。在"繁荣"规则下，土地由所有玩家共享，一名玩家通过发展地产赚到了钱，那么所有其他玩家都可以分享到奖励，大家都赚够了钱就一起胜利。总而言之，这款桌游是为了批判资本主义制度的虚假繁荣才出现的，但有趣的是，当时的人们都更喜欢玩"垄断"规则。游戏最初的名字叫作"The Landlord's Game"，翻译过来就是"大地主游戏"。——译者注

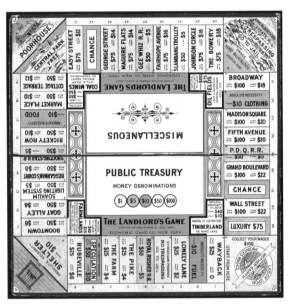

在最初的"大富翁"游戏中，华尔街是最有价值的街道之一，
"大富翁"游戏是一个激进的警告

随着 19 世纪接近尾声，世界上发展最快的一些城市出现在美国。其中一个原因是，美国的城市规划者更倾向于将街道布置成网格状，而许多古老的欧洲城市则遵循当地的地形，或者以放射状布局。放射状布局使城市更容易防御，但网格状布局更经济高效——能最大限度地利用临街空间，并使住宅更容易连接到排水系统和交通线路。芝加哥是世界上网格化程度最高的城市，罗马是网格化程度最低的城市之一。[12]

　　网格化的城市往往会产生世界上第一批摩天大楼。到19世纪90年代，在芝加哥、纽约和圣路易斯都能找到至少10层楼的建筑。两项技术对摩天大楼至关重要：贝塞麦工艺使可承载高耸结构重量的钢梁得以批量生产，载客电梯可以让人们到达更高的楼层。虽然这些技术在全球范围内都可以获得，但监管影响了它们的建造地点。20世纪初，更严格的消防安全和分区法律限制了摩天大楼在许多欧洲城市的发展，而美国城市则给予了开发商更多的自由。现在，在世界的天际线上仍然可以看到这种差异。

第六章

经济模式和现代工厂

技艺精湛的马歇尔

在 20 世纪之交，英国人阿尔弗雷德·马歇尔是世界上最具影响力的经济学家。他在 1890 年出版的《经济学原理》一书中充分发挥了自己的数学天赋，他曾在剑桥大学数学考试中荣获"第二名"（Second Wrangler）的优异排名，并且专注于经济学如何改善社会福祉。

马歇尔写道，供给和需求就像一把剪刀的刀刃。在价格位于纵轴、数量位于横轴的图中，代表供给的线一般向上倾斜，因为当价格更高时，有更多人愿意提供产品或服务。由于我们熟悉的边际效用递减概念，代表需求的线则倾向于向下倾斜：消费者拥有的东西越多，他们愿意为额外一单位支付的费用就越少。对于供应商而言，价格和数量同时增加；对于消费者而言，价格和数量呈负相关关系。在这两种情形下，都会出现权衡取舍：一种产品的价格上涨会导致新的供应商停止生产其他产品，转而专注于生产这种产品；价格上涨会导致现有的一些买家停止购买这种产品，转而购买其替代品。

两条线相交的地方就是市场均衡点——供给等于需求的点。如果马歇尔在1900年想买一颗钻石，他就会注意到，市场反映了买方购买钻石和卖方出售钻石的意愿。均衡价格就是卖方愿意出售的数量和买方愿意购买的数量完全相匹配的价格。早期的经济学家也曾绘制过供给需求图，但是它被称为"马歇尔十字模型"，因为马歇尔对这一模型的描述最完整、最具有说服力。[1]

考虑到生产者，马歇尔区分了公司的固定成本（如公司拥有的土地和建筑物）以及可变成本（如公司使用的劳动力和原材料）。从长远来看，如果一家公司无法支付维护和更换资产的成本，该公司就会倒闭。但就短期而言，对公司产品价格影响最大的是可变成本。水成本的变化很快就会影响到棉花的价格，而机械成本的上升对棉花价格的影响则较为缓慢。

马歇尔是一位技艺精湛的数学家，但他的教科书之所以广受欢迎，是因为他能够通过图表和范例来传达思想——从那之后，经济学家就一直使用这些方法教授学生。正如马歇尔曾经总结的那样："①将数学作为一种速记语言而不是探索的引擎；②坚持到做完为止；③翻译成英语；④然后用现实生活中重要的例子来说明；⑤略去数学；⑥如果你不能成功完成第④点，则略去第③点。我经常这样做。"换言之，经济学家应该将数学作为解释世界的有用工具，但不能沉迷于那些无法揭示经济学运行方式的深奥的数学。更多现代经济学家应该遵循马歇尔的建议。

马歇尔以惊人的清晰度表达了重要的思想。在某些情形下，令人惊讶的是这些思想在历史上表现得如此之晚。市场和数学已经存在了数千年。"经济学"来源于古希腊语"oikonomia"，大致译为"家庭管理"。古希腊数学家懂得毕达哥拉斯定理，该定理可近似计算圆周率，并知道如何估算抛物线下的面积。然而，关于供给和需求的翔实论述直到 20 世纪之交才出现。

中央银行的故事

20 世纪初，一个重要的经济机构：美国联邦储备委员会（简称"美联储"）宣告成立。美联储并非第一家中央银行，但其离奇的创建故事值得重述。1907 年，当银行业崩溃威胁到整个金融体系时，著名金融家 J. P. 摩根将同事召集到他在麦迪逊大道的公馆，他将门锁上，并告诉同事："这里是阻止麻烦的地方。"摩根向面临风险的银行认捐了数百万美元，并劝说他的银行家同行也这样做。恐慌平息了。

3 年后，美国主要商业银行的代表再次发挥主动性，在杰基尔岛召开了一次为期 10 天的秘密会议。银行家们假装是猎鸭旅行，依次登上火车，以免被人看到他们在一起。一位银行家好像还带了一把猎枪，以增加旅行的真实性。此次会议提出了美联储的架构，最终由 12 家有权发行货币的地区性银行组成。经过国会几轮紧张的谈判，美联储于 1913 年成立。美国将不再仅仅依靠金融财阀来避免下一次银行危机。

中央银行自 17 世纪就已经存在。例如，阿姆斯特丹银行、斯德哥尔摩中央银行和英格兰银行都成立于 17 世纪。但在 20 世纪，中央银行越来越多地承担起为经济体系提供稳定性的角色。普通商业银行利用短期存款来发放长期贷款。由于商业银行通常是借短贷长，如果所有储户同时要求归还存款账户里的钱，即使管理最好的银行也很容易出现现金耗尽的情况。通过为人们的存款提供担保，中央银行可以防止银行挤兑，使金融体系更加稳定。通常情况下，这不涉及一分钱的易手：一旦人们知道他们的存款有保障，恐慌就可以避免。我们可以将金融稳定性视为一种公共利益，它惠及每个人。在现代社会，中央银行在锚定通货膨胀方面也发挥着重要的作用，我们很快就会讲到这个话题。

创新影响下的商业

汽车是那个时代最热门的新产品之一，它的发展在很大程度上归功于专业化。起初，人们对汽车既不欢迎也买不起，但在 1908 年，福特汽车公司的一位高管彼得·马丁提出了建立"流水线"的想法。马丁是在参观芝加哥一家屠宰场时萌生这个想法的，在屠宰场里，动物尸体在工人之间移动，每个工人切下一块标准的肉。在底特律的一家工厂里，流水线的实验表明，它们可以让工人更快地生产出汽车。当这套系统投入运营时，汽车下线速度如此之快，以至于福特公司决定不再允许客户选择汽车的颜色。事实证明，黑色油漆干得最快。因此，正如亨利·福特在自传中写到的那样，他决定，"客户可以把汽车漆成他想要的任何颜色，只要它是黑色"。[2] 流水线现在是许多生产设施的标准组成部分，但在当时，翻转流程是一种激进的做法：让汽车向零部件移动而不是相反。

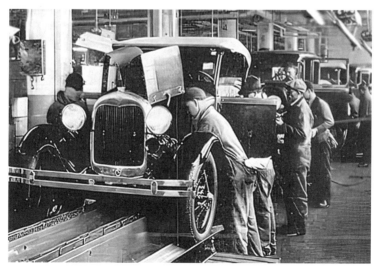

密歇根州迪尔伯恩市福特汽车公司的流水线

创新也重塑了零售业。1909 年，哈里·塞尔福里奇在伦敦牛津街开设了一家新型百货商店。塞尔福里奇的目标是让购物充满乐趣。他改装了店面，好让顾客可以摆弄待售商品，鼓励店员让女性顾客感到宾至如归，并培训店员专攻不同的商品线。塞尔福里奇机智地将香水柜台设在一楼，热情地称顾客为"宾客"，并在广告中打出"顾客永远是对的"的口号。

其他零售商则专注于价格。在美国，弗兰克·伍尔沃斯创建了一系列以 5 美分和 10 美分价格出售商品的商店。据说，这些"廉价商品店"的经营理念是"堆得高，卖得

纽约早期的伍尔沃斯商店

便宜"。[3]1912 年，伍尔沃斯上市，在全国拥有 596 家门店。拥有如此庞大的商店网络，它就能够利用自己的购买力与供应商谈判，要求更低的价格。沃尔玛、永旺、阿尔迪、乐购和家乐福都是这种零售策略的现代继承者，它们为消费者提供更低的价格，为股东带来更丰厚的红利，但也挤压了供应商和独立零售商的生存空间。

创新技术也影响着物品的使用。在 19 世纪 80 年代，詹姆斯·邦萨克的卷烟机掀起了烟草业的革命，到 20 世纪 10 年代，香烟消费量迅速增加（在 20 世纪 60 年代，美国香烟消费量达到顶峰，半数男性经常吸烟）。

这是一个大规模移民的时代。那时还很少需要护照。正如移民涌向澳大利亚淘金一样，数百万人利用航运技术的进步，从俄罗斯帝国移民到加拿大，从德国移民到新西兰，或者从荷兰移民到印度尼西亚。新船只采用钢质船体，由煤炭发动机提供动力。在 19 世纪 50 年代，移民从利物浦航行到纽约需要花 53 天。到 20 世纪 10 年代，这一航程被缩短到仅需要 8 天。[4]当经济学家在研究移民问题时，主要看到的是人们迁移到他们感到更安全、更快乐、更有生产力的地方。移民不仅能带来食物消费的需求，还带来了健康的体魄和善于思考的大脑。将移民仅仅

经济简史

视为新需求来源是错误的——他们也是新供给的来源。

第一次世界大战打破了这个相互联系的世界。尽管参战国之间有着紧密的商业联系（在1914年，伦敦劳埃德保险公司为德国大部分航运贸易提供了保险），但战争还是爆发了。[5] 当欧洲国家梦游般地陷入战争时，世界上大部分贸易和移民迁移都停止了。虽然战争的起因出乎意料，但最终结果却并非如此。战争爆发时，协约国（大英帝国、法兰西第三共和国、俄罗斯帝国及其盟国）所拥有的资源远远超过同盟国（德意志帝国、奥匈帝国及其盟国）。协约国的人口、领土、收入分别是同盟国的5倍、11倍和3倍。[6]

事实上，这场冲突持续了4年，并夺走了约2000万人的生命，这反映了将军的无能和政治领导人的顽固不化。但当冲突结束时，经济基础较好的一方获胜。

公地悲剧

假设一群农民都有权使用一块共同的草地，他们可以让他们的牛在那里吃草。防止过度放牧符合他们的集体利益。但是，让更多的动物进入公地符合每个农民的个人利益。如果农民之间不能协调，那么可能的结果是牧场将被过度利用。

公地悲剧的产生是因为每多增加一头牛都会破坏生态系统。如果牛的主人不为这种损害支付任何费用，那么结果可能会是一场灾难。例如，在加拿大海岸附近的纽芬兰鳕鱼渔场，使用声呐等新的捕鱼技术导致了鱼类种群的锐减，鳕鱼数量在1985年至1995年下降到历史水平的1%。[7]

在其他情况下，有团体找到了巧妙的解决方案。2009年，埃莉诺·奥斯特罗姆因研究地方社区如何管理公共资源而成为首位获得诺贝尔经济学奖的女性。在尼泊尔，稻农合作管理水资源；在肯尼亚，社区合作管理森林资源；在印度尼西亚，当地渔民精心管理鱼类资源。

埃莉诺·奥斯特罗姆的研究给我们的启示不在于使用者管理永远有效，而在于它是可能

埃莉诺·奥斯特罗姆分析了一些传统群体是如何制定规则来共享公共资源的

有效的。她观察到，在成功的案例中，当地人积极参与制定规则，而不是让外人强加于他们。当由当地人执法时，使用者管理是有效的，因为伴随着直接的纠纷解决机制，以及对最初违规行为的适度制裁。公地悲剧并非不可避免。

第七章

第一次世界大战和大萧条

咆哮的 20 年代

第一次世界大战造成的经济损失远不止于 1918 年这一年。在第一次世界大战后签订的《凡尔赛和约》中，德国被要求支付 1320 亿金马克的赔偿金（该金额以黄金储备表示）。这是一笔巨款，几乎相当于德国战前一半的财富[1]，超出了德国经济所能承受的范围，德国政府甚至难以支付最初的款项。[2]

为了偿还债务，德国政府开始大量印制钞票。由此产生的通货膨胀不断侵蚀德国马克的价值。工人有时甚至需要用独轮车来运回他们的工资。政府发行了新的钞票——钞票面值从最开始的数千马克，到数百万马克，然后是数十亿马克，最后是数万亿马克。同样的一件物品在1918年标价1马克，而到了1923年则标价1万亿马克。

恶性通货膨胀对德国经济造成了严重破坏。由于未使用的现金正在贬值，购物者选择分期付款购买所有东西，餐馆必须不断改写菜单，出租车不得不频繁更换计价器。1923年11月，德国的面包价格在一天结束时比开始时高

在通货膨胀肆虐的魏玛共和国，孩子们在玩几乎毫无价值的钞票

出七倍。[3]最终，德国政策制定者恢复了货币价值与黄金之间的联系，控制了恶性通货膨胀，使德国在20世纪20年代末享受了一段相对繁荣的时期。但对恶性通货膨胀的记忆使政策制定者在即将到来的大萧条面前过于谨慎。在

这场经济混乱中，希特勒于 1933 年成为德国总理。

"咆哮的 20 年代"见证了爵士乐、舞蹈和装饰艺术的演变。在发达国家的大部分地区，消费者支出和经济增长蓬勃发展。1929 年 10 月 15 日的一次晚宴上，耶鲁大学著名经济学家欧文·费雪告诉听众，"股价已经达到了永久性的高峰"。但他错了，仅仅一周多后，市场就遭遇了有史以来规模最大的单日抛售：这是大萧条时期一系列重大损失中的第一次。到 1932 年，美国股市相比 1929 年的峰值下跌了 89%。

投机是造成这次崩盘的部分原因。随着股价的上涨，越来越多的人涌入市场，试图迅速致富。美国未来总统约翰·肯尼迪的父亲——商人约瑟夫·肯尼迪告诉朋友，当有关股票的言论在他通常的圈子之外传播时，他就感到有些不对劲了。他说："如果擦鞋男孩都在提供股票建议，那么就是时候退出市场了。"但很少有人预见到股市的崩盘。许多人借钱进行投资，股价下跌使他们变得身无分文。全球金融市场跟随美国股市下跌。

尽管五分之四的人并没有买股票（拥有股票的擦鞋男孩也许并不常见），但市场崩溃很快对经济的其他部分产生了影响。企业停止了投资，惊慌失措的市民停止了消费。同样，消费减少意味着经济活动减少。数百万人失去了工作。在美国，失业率达到 25% 的峰值，这意味着四分之一想要找工作的工人找不到工作。帐篷城如雨后春笋般出现在伦敦的海德公园、纽约的中央公园和悉尼地区。拉丁美洲在大萧条中受到的打击尤其严重，这导致了独裁民族主义的兴起。1930 年，军队在阿根廷和巴西夺取政权。

全世界都感受到了大萧条的气息

悬而未决的世纪之争

在研究大萧条问题时，英国经济学家约翰·梅纳德·凯恩斯认为，之所以导致这样的问题，是因为人们的行为以意想不到的方式相互影响。凯恩斯将这个问题比喻成一个蜂群的成员决定过节俭的生活。节俭可能看起来是有益的，但因为一只蜜蜂的消费对应着另一只蜜蜂的生产，所以蜂群衰败了，所有在空心树上的蜜蜂都很痛苦。凯恩斯认为，解决方案是政府花钱（最好是在公共工程项目上）以重启经济。

这并不是所有经济学家都认同的观点。也许表述最清晰的替代观点的倡导者是奥地利经济学家弗里德里希·哈耶克。哈耶克认为经济衰退是一种必要的恶。他认为，危机前的政府政策将利率降得太低，导致企业不明智地借贷。当危机来临时，那些不谨慎的企业就会崩溃。经济衰退不太像是一种可以避免的疾病，更像是酗酒后不可避免的宿醉。[4]

我们不难看出这两种分析背后的道德信息。对于哈耶克来说，经济衰退代表着不良投资的彻底清除，而凯恩斯认为经济衰退是痛苦和不必要的。哈耶克认为，政府干预只会让事情变得更糟，而凯恩斯认为政府在平稳经济周期方面发挥着强大的作用。哈耶克担心民主政府会侵蚀自由，并认为过渡时期的独裁有时是必要的。

这两位经济学家在个人生活上也有很大的差异。奥地利出生的哈耶克是更加严肃的人，在一个战场上失利并在经济上受困的时代，他被情感上疏远的父母抚养长大。他冷漠而矜持，对浪漫生活保持着保守的态度。[5]

相比之下，凯恩斯则充满了自信。他在业余时间学习了经济学，当他在一次考试中表现不佳时，他却兴高采烈地说："我显然比我的考官更了解经济学。"[6]凯恩斯是毕加索、雷诺阿和马蒂斯作品的收藏家，以今天的标准来看，他是一位千万富翁。[7]事实上，凯恩斯广泛的品位可能对他的开放思想和世界观产生了影响。凯恩斯善于交友，他和妻子莉迪亚都是由英国作家和画家组成的布鲁姆斯伯里团体的成员。该团体的另一位成员，作家弗吉尼亚·伍尔芙，将凯恩斯描述为"一只狼吞虎咽的海豹"，有着"双下巴、凸出的红唇和小眼睛"。他开朗、乐观、自信，这些品质使他成为20世纪初最有影响力的经济学家。

视频制作人约翰·帕波拉和经济学专家拉斯·罗伯茨在一场模拟说唱大战中总结了凯恩斯和哈耶克之间的差

异。说唱内容节选如下：

我们已经来来回回讨论了一个世纪。

[凯恩斯]　我想引导市场。

[哈耶克]　我想让市场自由。

这是一个存在着繁荣与萧条的周期，有充分的理由对此感到恐惧。

[哈耶克]　我谴责低利率。

[凯恩斯]　不……我只是在刺激消费欲望（animal spirit）。

凯恩斯主义者认为衰退就像自然灾害：一种可能袭击我们任何人的冲击。现代政策制定者在很大程度上是凯恩斯主义者（尽管我们在政府应对冲击的力度上存在分歧）。哈耶克的一位批评者认为，他应对经济衰退的方法"就像拒绝给掉进结冰池塘的醉汉提供毯子一样不合适，而拒绝的理由则是他最初的问题是太热了"。[8]哈耶克对当今主流经济学的影响并不是通过他对商业周期管理的观点，而是通过他关于市场这只"看不见的手"的著作，这些著作指出了自发秩序是如何从个人追求自身利益的自由市场中产生的。

大萧条的背后

20 世纪 30 年代的大萧条之所以被称为"大萧条"，一部分原因是它持续了很长时间。一些国家没有听从凯恩斯的意见，而是推行紧缩政策——在经济衰退时削减政府预算。一项研究表明，1939 年，即股市崩盘 10 年后，比利时、加拿大、丹麦、荷兰、挪威和英国的失业率超过 10%。[9] 对于许多家庭来说，考虑通货膨胀后，1939 年的收入要低于 10 年前。

导致大萧条延长的因素之一是对开放的限制。1930 年，美国共和党人里德·斯穆特和威利斯·霍利共同发起了一项立法，提高了对 2 万多种农业和工业进口产品的关税。1028 名经济学家联名写了一封公开信，敦促总统否决《斯穆特－霍利关税法》，以此表明他们对自由贸易的支持。赫伯特·胡佛总统签署了该法案，使其成为法律，这表明政客在贸易问题上忽视经济学家的意见。

提高关税使许多美国企业的成本上升，许多原材料的价格上涨，数以百计的汽车零部件受到影响，这损害了汽车工业。对羊毛废料征收的关税增加了一倍以上，损害了纺织业中用羊毛废料做廉价衣服的制造商。[10] 其他国家也采取了自己的关税措施。[11]法国提高了汽车关税，几乎将其市场向中等价格的美国汽车关闭了；当美国的产品需要出口到西班牙时，西班牙对这些产品征收了更高的关税，包括缝纫机、剃须刀片和轮胎等；加拿大提高了关税并征收"反倾销"税。

在第一次世界大战结束后的几年里，移民限制越来越严格。[12]加拿大禁止来自一些曾与之作战的国家的移民。美国国会通过了移民限制措施，有效地禁止了来自亚洲的移民，并减少了来自其他国家的移民配额。20世纪30年代，移民政策进一步收紧。澳大利亚征收相当于平均年薪四分之一的移民费用；泰国引入了文化程度测试和昂贵的居留许可证；新西兰关闭了移民部门。20世纪30年代，来自欧洲的移民人数比19世纪中期要少。

大萧条还导致国际资本流动显著放缓。在大萧条前的几十年里，投资从高收入国家流向低收入国家，追求更高的回报，并经常跟随移民流动。在大萧条期间，外商投资供给和对外投资需求双双下降。从越南到巴西，20世纪前30年的外国投资浪潮在大萧条之后开始逐渐消失。[13]

然而，大萧条也为渐进式改革创造了政治条件。其中一位关键设计者是工人权益倡导者弗朗西丝·珀金斯。在职业生涯的早期，珀金斯目睹了纽约市三角衬衫厂的火灾，146名工人（其中大多数是年轻的移民妇女）在一座城市建筑的火灾中丧生，平时该建筑的出口被锁上，用来防止工人在未经许可的情况下休息。这段经历促使珀金斯在纽约市从事工人安全工作，她倡导更安全的工作场所，并对妇女和儿童的最长工作时长设定上限。

1933年，新当选的富兰克林·罗斯福总统任命弗朗西丝·珀金斯为美国劳工部部长，她成为首位担任内阁职务的女性。珀金斯帮助设计了美国《社会保障法》，这是罗斯福新政的关键部分。这一法案于1935年正式颁布，该法案向老年人提供直接付款，并在之后几十年大大减少

1935年，罗斯福总统签署《社会保障法》，弗朗西丝·珀金斯出席

了老年人的贫困。虽然它是由工资税资助的，但社会保障允许人们获得比他们贡献更多的回报。1940 年，佛蒙特州教师艾达·富勒在缴纳了 25 美元的社会保障税后退休，她开始领取福利。富勒活到 100 岁，共领取 22 889 美元。考虑到通货膨胀，她享受到的福利是她所缴税款的 200 多倍。

像经济学家一样思考

20 世纪 30 年代，经济学家对市场失灵的思考方式也取得了相当大的进步。对于这项工作来说，没有人比琼·罗宾逊更重要了。罗宾逊成长在一个重视非正统思维和不墨守成规的家庭，她于 1931 年成为剑桥大学的教员。虽然凯恩斯当时主导着宏观经济学，但罗宾逊关注的是微观经济学，并对阿尔弗雷德·马歇尔的一些分析进行了检验。

1933 年，罗宾逊出版了《不完全竞争经济学》，该书颠覆了人们对市场运作方式的经济思考。马歇尔的模型往往假设市场是由众多买家和卖家组成的经济体。这也许是对一些领域（比如股票市场）的一个很好的描述。但是对于英国东印度公司呢？罗宾逊将充满活力的竞争视为一种特例，而不是正常情况。其他人想象的是一个充满许多交易者的动态市场，而罗宾逊的分析认识到，垄断和寡头垄断是很普遍的。

罗宾逊还引入了垄断的概念，即卖方对其供应商拥有定价权的情况。在一个只有一家公司的城市里，雇主对工人拥有垄断权，允许雇主支付低于工人真实价值的工资。如果一家连锁超市控制了大部分食品杂货行业，它就可以对商品实施垄断，支付给供应商的价格低于他们在竞争激烈的市场中获得的收益。

罗宾逊有着无尽的好奇心，这意味着她经常质疑各种观点，包括她自己的观点。在《不完全竞争经济学》出版36年后，她写了一篇长达8页的文章，对自己的书进行批评，然后将其作为该书第2版的序言。然而，尽管她做出了重要的学术贡献，但直到1965年她才成为正教授。也许并非巧合，那一年她的丈夫从剑桥大学退休了。1975年，关于她将获得诺贝尔经济学奖的传闻非常多，以至于《商业周刊》在颁奖前先发表了一篇介绍她工作的长篇专题报道。但最终诺贝尔奖授予了其他人。

如今，我们理所当然地认为经济学家可以计算经济产出，但现代国民经济核算直到 20 世纪二三十年代才出现。其目标是在时间上获得生产和支出的准确数据序列，从而有可能确定一个国家总收入的变化。在英国，亚瑟·鲍利和乔赛亚·斯坦普尝试对一个年度进行全面分析。A.E. 费维耶随后进行了一项研究，该研究探讨了英国国民收入的支出情况——分别对兔子和宗教捐赠进行了分析。

另一位统计先驱是科林·克拉克，他在剑桥大学有着成功的职业生涯，但在政治上他并没有成功（他曾三次代表英国工党），后来移居澳大利亚，发表了开创性的国民收入估计。在美国，西蒙·库兹涅茨和国家经济研究局（成立于 1920 年）在将价格、收入、储蓄和利润的统计数据收集系统化方面发挥了重要的作用。对于学者来说，数据的收集促进了研究。对于政策制定者来说，衡量经济产出有助于及时干预以避免衰退。

萨迪·亚历山大

第一位获得经济学博士学位的非洲裔美国女性是萨迪·亚历山大，她的父母都曾是奴隶。亚历山大在宾夕法尼亚大学写的博士论文关注的是向北迁移到费城的黑人家庭。通过对100个家庭的采访，她分析了这些家庭的生活水平和消费模式。亚历山大发现，尽管许多人住在拥挤的房子里，但三分之二的人在没有任何外界帮助的情况下生活——特别是如果他们要购买大量的商品时，就要设法避免因为自己是黑人而支付更高的价格。

1921年毕业时，亚历山大没能找到一份适合自己能力的经济学工作。她回到宾夕法尼亚大学学习法律，然后加入她丈夫的公司，一起从事民事权利诉讼以废除费城电影院和酒店的种族隔离制度。但她的公开演讲却富有经济学见解。[14]在一次演讲中，她指出，帮助贫穷白人的政策如何在无意中伤害了非洲裔美国人。当富兰克林·罗斯福总统1933年签署的《全国工业复兴法》提高了某些部门的工资时，这些行业的雇主解雇黑人工人，并雇用白人来代替他们。亚历山大称该法案为"减少黑人法案"。

第一位获得经济学博士学位的非洲裔美国女性萨迪·亚历山大

亚历山大认为，要实现种族平等，充分就业至关重要。因为黑人工人"最后被雇用，第一个被解雇"，他们在经济衰退中遭受的损失最大。充分就业能改善种族态度。亚历山大认为，充分就业可以通过减轻白人工人"对经济竞争的恐惧"来加强民主。亚历山大称，在一个强劲的劳动力市场中，政治煽动家不太可能找到立足点。她走在了时代的前面:最近的研究表明，经济危机增加了右翼民粹主义者当选的概率。[15]

第八章

第二次世界大战与布雷顿森林体系

炮火纷飞中的经济学

随着法西斯主义的兴起，盟军错误地采取了绥靖政策，[⊖]一味退让以安抚希特勒，力图祸水东引。1938 年签订的《慕尼黑协定》允许纳粹德国吞并苏台德地区，[⊜]1939

⊖ 第二次世界大战前英法美等西方国家对德日采取的政策。——译者注

⊜ 苏德台地区是一个独特的历史名称，是指第一次世界大战与第二次世界大战期间，捷克斯洛伐克境内邻近德国讲德语居民所居住的地区。——译者注

年苏德之间签订的《苏德互不侵犯条约》促进了德国对东欧的入侵。除了这些因素，经济因素也很重要。日本的帝国主义野心在一定程度上是因为其国内能源储备不足。就德国而言，第一次世界大战后的恶性通货膨胀以及巨额战争赔款引起了许多德国人的不满。德国入侵苏联是企图控制黑海至里海之间地区的石油储备。[1]

经济学研究中对基本面的分析可以预测第二次世界大战的结果。正如美国南北战争和第一次世界大战时期一样，在战争开始时资源分布状况明显有利于最终的胜利者。与轴心国（纳粹德国、意大利王国、日本帝国及其盟友）相比，同盟国（英国、法国及其盟友）的人口是其两倍多，领土是其七倍多，总收入比其高出40%。[2]

德国早期的胜利，在很大程度上要归功于埃尔温·隆美尔将军等许多具有卓越才能的将领，以及闪电战和机动战等战术。正如一位经济史学家所言，"每个人（波兰人、荷兰人、比利时人、法国人、希腊人、英国人、美国人和俄罗斯人）在最初应对纳粹时，在战术上和作战上或多或少都出现了失误，并且在后来的许多冲突中也是如此"。[3]

然而，在第二次世界大战中并没有决定性的战役。[4]珍珠港事件不是，中途岛战役不是，斯大林格勒战役不是，库尔斯克会战也不是。这场战争主要是一场工业生产的较量，而同盟国拥有更多的资源，因此同盟国在这场战争中占据着优势。这种优势即使在战争中期也依然存在，因为当德军占领了欧洲大部分地区、获取这些占领区资源之时，美国和苏联也作为同盟国成员加入了战争。1942年，盟军在人口、领土和收入方面仍然占据着决定性优势。这种优势可以通过航空母舰清晰地反映出来，尽管日本很早就了解到了航空母舰的战略价值，但是其航空母舰的生产能力却远远落后于盟军，在战争期间盟军建造了90%的航空母舰。

参战国在战争资金投入方面存在着巨大差异。[5]意大利在战争中投入的资金未超过其生产总值的四分之一，日本在鼎盛时期则将其生产总值的四分之三以上用于战争。英国和俄罗斯将其一半以上的生产总值用于战争，美国则将其五分之二的生产总值用于战争。总之，同盟国的大量资金投入为其带来了巨大的优势。在军火生产方面，同盟国生产的步枪、坦克、飞机、迫击炮和军舰的数量至少是轴心国的两倍，轴心国在武器装备方面远远落后于同盟国。

在整个战争中，第二次世界大战造成的经济损失远大于第一次世界大战，造成这种现象的原因主要是武器技术在两次世界大战期间进步了很多。就空战而言，在第一次世界大战中双翼机和齐柏林飞艇尚未发挥重要作用，而在第二次世界大战中，轰炸机中队用燃烧弹（最终是原子弹）摧毁了大量城市，在战争中发挥了重要的作用。就海战而言，第二次世界大战以航空母舰为特色，航空母舰的使用使海战中的交战双方从未见过对方。在第二次世界大战中还出现了远程轰炸机、喷气式战斗机、自导鱼雷和巡航导弹等新型武器。总之，由于这些新型武器的应用，使第二次世界大战的人员伤亡数是第一次世界大战的 3 倍。

每一架被击落的飞机背后证明了什么

除了带来大量新发明，第二次世界大战还带来了计量经济学的进步。在第二次世界大战时，统计技术开始应用于经济问题，例如，一个实际的问题是如何更好地改良轰炸机，以增加它们在敌人火力下幸存的概率。缺乏经验的专家观察了返航飞机的底部，发现机尾等地方受到了不同程度的损害，于是建议对这些地方进行加固。但是数学家亚伯拉罕·瓦尔德——一位来自匈牙利的犹太难民，却认为他们看问题过于片面，他们只关注到了那些遭到破坏但仍然能够返航的轰炸机，却没有意识到那些机头受损而未能返航的轰炸机。机头受损的轰炸机未能返航，表明机头才是重点需要加强的部分。瓦尔德的这种统计思想至今仍在被计量经济学家所使用。

第二次世界大战后的经济发展

第二次世界大战之后持久的和平很大程度上是由于各国从之前的战争中吸取了教训。通过马歇尔计划，美国向西欧提供了 130 亿美元的资助，这相当于西欧地区年度生产总值的 3% 左右。[6] 战败国德国和日本也非常重视战后的经济恢复，随着一系列发展建设的进行，两国也在一代人的时间内重新发展成为世界主要的工业化强国。

　　经济学家在建立维护和平的国际经济架构方面发挥着核心作用。1944 年，在新罕布什尔州的布雷顿森林召开了一次会议，44 个战时盟国的代表齐聚一堂。这是一次不同寻常的集会，英国的代表是凯恩斯，他希望避免在战后的经济发展方面重蹈覆辙；美国的代表是哈里·德克斯特·怀特；法国的代表是皮埃尔·孟戴斯－弗朗斯。

　　在这场看似不可能取得关键成果的会议上，各方达成了一项终止经济孤立主义的协议，并接受了贸易和资本流动将使世界变得更富裕、更稳定的观点。布雷顿森林体系促成了世界银行和国际货币基金组织的建立，前者旨在改善最贫穷国家的生活水平，后者旨在帮助各国避免金融危机。布雷顿森林协议在一定程度上恢复了金本位制，将美元与黄金挂钩，1 美元等价于 1/35 盎司 [⊖] 黄金，其他国家的货币则与美元挂钩。然而，将纸币兑换成黄金的权利仅限于官方的国际交易，在日常交易中很难进行。

　　第二次世界大战之后，宏观经济学家以凯恩斯的相关研究为基础继续进行探索，比尔·菲利普斯是其中的一位传奇人物。菲利普斯出生在新西兰的一个奶牛场，曾做过

　　⊖　1 盎司 =28.350 克。

电影院经理、金矿矿工和鳄鱼猎人，后来在接受了工程培训后参加了第二次世界大战，并在日本的一个集中营里待了三年。在监禁期间，菲利普斯向其他囚犯学习中文并协助建造了一个秘密无线电台。第二次世界大战后，他进入伦敦经济政治学院学习社会学，但很快转到了经济学。1949年，当菲利普斯在女房东的车库里工作时，他用水泵建立了一个经济的水力模型。[7] 这台机器最初设计的目的是作为教学助手，实际运行结果表明它在模拟潜在政策

比尔·菲利普斯和他的国民收入货币模拟计算机

变化的影响方面很有效，并显示了政府支出和税收的变化如何影响收入的"循环流动"。他一共建造了12个左右的水力模型，其中一个坐落于剑桥大学，至今仍在运行中。

来自麻省理工学院的保罗·萨缪尔森对凯恩斯经济模型进行了改进，提出了"实用凯恩斯主义"，他认为工资黏性和价格黏性的存在阻碍了劳动市场自发形成的充分就业的实现，因此他提出在经济危机时期政府干预经济是合理的。虽然经济学家主要是通过论文交流而非通过书籍交流，但是对于经济学来说，教科书也是非常重要的，萨缪尔森在1948年出版的教科书《经济学》是经济学史上最重要的教科书之一。萨缪尔森认为凯恩斯的著作《就业、利息和货币通论》是"天才之作"，但是该书内容充满矛盾并且文笔欠佳。萨缪尔森认为数学是经济学的自然语言，他尝试用数学方法将凯恩斯的思想形式化，力图使经济学由文字阐述转变为公式表达。萨缪尔森对编写经济学教科书非常热衷，正如他所说的那样，"我不在乎谁为一个国家制定法律，谁为它起草条约，只要由我来写经济学教科书就行"。

萨缪尔森在书中着重强调了比较优势这一观点，这是一个多世纪前大卫·李嘉图阐述的原理。比较优势表明，当两个国家之间进行贸易时，双方都能获益。从根本上说，差异的存在是贸易产生的根本原因。各国进行贸易是因为很多作物在世界上的一些地方比另一些地方生长得更好，是因为一些国家在生产中已经形成了在特定产品生产上的技巧，或是因为低工资水平使劳动密集型产品的制造成本更低。巴西的咖啡、瑞士的钟表和孟加拉国的纺织品都代表着各个国家在出口中的差异。在萨缪尔森后来的职业生涯中，他将比较优势描述为社会科学中一个真实却不明显的理论的最佳例子。

在 20 世纪 30 年代，许多政策制定者忽视了这一观点，开始推行贸易保护主义，1930 年美国颁布了《斯穆特－霍利关税法》，这一法案引发了贸易保护主义抬头和贸易量下降。在第二次世界大战后，贸易开始再次增长。1947 年，占全球贸易五分之四以上的国家签署了"关税及贸易总协定"，同意减让 45 000 项关税，影响 100 余亿美元的贸易额。

第二次世界大战有力地推动了福利国家的发展。政府提高税收、推行食物和衣服的定量配给并提供家庭补贴。大萧条的记忆和第二次世界大战带来的苦难使许多人相信在和平年代需要建立一个更加公平的社会。英国经济学家珍妮特和威廉·贝弗里奇在 1942 年发表了一份重要报告，这份报告提出了要消灭的"五大罪"（肮脏、愚昧、贫穷、懒惰和疾病），并提出了一项全国性保险计划，主张为失业者、病人和老年人提供保险。贝弗里奇报告的哲学与俾斯麦的改革不同：俾斯麦的改革是关于个人贡献的，而贝弗里奇的主张需要一个通用的政府计划。英国人民对这种社会改革的渴望异常强烈，以至于在 1945 的英国大选中将丘吉尔政府赶下台，人们选出了一个承诺为公民提供"从摇篮到坟墓"的全面社会安全网的工党政府。

在福利国家扩张的同时，政府在经济中的作用也逐渐增强。在发达国家，政府支出在经济中所占的份额从 1937 年的 24% 上升到 1960 年的 28%。[8]第二次世界大战结束后，英国将铁路、煤矿、电力供应行业、大部分钢铁行业和英格兰银行国有化；法国将与纳粹合作的雷诺汽车公司、天然气行业、电力行业以及大部分银行和保险业国有化；新西兰将新西兰银行国有化；瑞典完成了铁路国有化进程。

在整个发达国家世界，越来越高的税收反映了政府在经济中所扮演的角色越发重要。在第二次世界大战之前，许多国家的普通工人不缴纳所得税。而在第二次世界大战期间，所得税逐渐扩大到覆盖大多数工人，这得益于现收现付制的引入。这一税制要求雇主从工人工资中直接扣除员工的所得税并上交政府。工人知道自己交了多少税，但如果他们一开始就没拿到这笔款项，他们就不太会因为失去这笔款项而怨恨。

第九章

光荣的三十年？

运气无处不在

生活中最令人注目的事情之一就是，它在很大程度上是由运气决定的。父母的精子和卵子结合在一起的概率不到百万分之一。在世界上，不同人收入的差异主要是由他们的出生国和父母的社会地位决定的。[1] 人们无法选择自己的父母，因此出生也是一种运气。

在就业市场上，运气无处不在。在经济衰退期间完成高中学业的年轻人会发现工作更难找，这种"伤疤"效应可能会持续数十年之久。一些工人看似选择了有前途的职业，但后来却发现科技进步让他们失业了。当小镇上的一家大公司破产时，几乎没有人能再在这个区域找到工作。先天畸形或后天由于工作所导致的残疾，很可能使一个人难以挣到足够的钱来养活自己。还有一种可能性是，有的人的寿命比他的储蓄所能维持的时间要更长。诚然，寿命的延长使人们有更长的时间来享受生活，但是如果生活在一个不为老年人提供保障服务的社会，这无疑是一种巨大的不幸。

第二次世界大战之后，福利制度和税收制度在幸运的人与不幸的人之间进行再分配。个人所得税是高度累进的，这意味着高收入者交的税在其收入中的占比更高。披头士乐队的歌曲《收税人》中唱道，收税员"收你1美元，收我19美元"，乐队的这种说法并非夸张。在当时，乐队成员的收入水平属于最高纳税等级，这使他们要缴纳95%的附加税，根据当时英国税法的规定，当收入超过最高税收界限时，乐队每赚20美元就需要缴纳19美元的税。若干年后，滚石乐队为了避税从英国迁出，并将之后的一个专辑取名为《流放大街》。

在劳动大军中，工会的力量不断壮大，几乎影响到工作生活的方方面面。在不同国家，工会的运作方式可能会截然不同。在瑞典，工会与国家级雇主机构商讨全国工资协议；在澳大利亚，工会在劳资法庭上就工资问题进行辩论；在美国，工会直接与公司管理层谈判；在仍被殖民列强统治的国家，工会往往是民族独立运动和争取更大地方控制权运动的先锋。在世界各地，病假、假期休假、周末加薪、安全标准、反歧视法、工作保障和薪酬都是由工会推动的。不管你是不是工会成员，如果工会从未存在过，你的工作很可能会完全不同。

为提高工资、更安全的工作条件和反歧视法而奔走的工会

　　第二次世界大战后的几十年里，工会在许多发达国家蓬勃发展。到 20 世纪 70 年代，由发达国家组成的"经济

合作与发展组织"（OECD）中有三分之一的员工是工会成员（今天，这一数字不到六分之一）。[2]第二次世界大战后工会的力量在一定程度上是经济架构的一个功能，我们可以将工会化视为员工在工作场所组织起来的一场竞赛以及雇主建立新工作场所的一场竞赛。这也可以解释为什么工厂和公共部门的工会化率往往高于初创企业。在许多国家，强大的制造业是工会组织的沃土，同时工会组织又确保了这些工作的高工资。在 20 世纪五六十年代，制造业为没有接受多少正规教育的工人提供了一条成为中产阶级的途径。

然而，随着学校教育普及率的上升以及高等教育的普遍化，许多工人在这一时期接受了正规教育，这也是第二次世界大战后几十年里许多发达国家贫富差距缩小的一个重要因素。有一种不平等理论认为，是否平等取决于教育和技术的相对发展。[3]如果教育停滞不前而技术进步，社会就会变得更加不平等。当教育水平的增长速度快于新技术的出现速度时，社会就会变得更加平等。根据这一理论，减少不平等的最佳方式是确保每个人都得到良好的教育。另一个关于不平等的理论认为，教育和技术竞赛的观点并不矛盾，其关注的是经济增长率（g）与资本回报率

（r）之间的差异。土地和公司股权等资本资产往往为最富有的人所持有（如今，最富有的 10% 的人拥有全球 76% 的财富），因此高资本回报率主要惠及最富有的人。[4] 法国经济学家托马斯·皮凯蒂在《21 世纪资本论》一书中提出，当 $r>g$ 时，不平等加剧。他认为不平等是人类社会的常态。

相比之下，在第二次世界大战后的几十年里，许多发达国家的资本回报率大大低于其长期平均水平，而经济增长率则显著高于其历史平均水平。当 $r<g$ 时，许多高收入国家的不平等程度会下降。在整个发达国家世界，就业机会充足，工资增长快于企业利润增长，工厂车间工人的收入增长快于办公室管理层的工资增长。

经济的光辉岁月

这种影响可能是普遍存在的，但每个国家都为自己的成功感到自豪。法国人把第二次世界大战后的三十年称为"光荣的三十年"，意大利人称之为"意大利经济传奇"，西班牙人称之为"西班牙经济奇迹"，德国人称之为"莱茵河奇迹"。我自己的研究也表明，选民更有可能再次选举那些在任期内经济高速增长的政府，但选民不太善于区分哪些政府足够幸运在世界经济强劲时执政，哪些政府有能力让经济增长率超越全球平均水平。[5]

辉煌的几十年不仅造就了政治家，也惠及了普通民众。在这个时代，许多欧洲人购买了他们的第一辆汽车，许多美国人购买了他们的第一台冰箱，电视和唱片机大量涌现。财富均等化的主要驱动力之一是住房所有权的普及，例如，在第一次世界大战结束时，英国23%的存量住房是自住的，但到20世纪70年代末，这一数字已上升至58%。[6]

第二次世界大战后的几十年里，女性大规模进入有偿劳动力市场。非经济学家通常将此归因于社会规范的变化，但经济学家指出了技术和政策在其中所发挥的作用。电炉、吸尘器、自来水、冰箱和洗衣机的出现简化了家务劳动，改变了许多女性的生活；避孕药让女性对何时生育有了更大的控制权。正如克劳迪娅·戈尔丁等经济学家所指出的那样，这反过来又为女性接受教育创造了更强的动力。

对于企业家来说，特许经营创造了一种新的混合体，即建立独立的小企业和购买大企业股份的混合体。1953

年，理查德·麦当劳和莫里斯·麦当劳在亚利桑那州菲尼克斯卖掉了他们第一家特许经营权。1954年，勤奋的商人雷蒙·克罗克利用特许经营模式，最终将麦当劳发展成为世界上最大的连锁餐厅。酒店、超市和房地产中介也是特许经营的重要用户。这种模式可以让门店从全国性的广告宣传和标准化的生产流程中获益，但也将很大一部分风险转嫁给了小型特许经营商，它们在与大型特许经营商打交道时可能处于谈判劣势。

20世纪50年代早期的麦当劳餐厅

新技术的应用产生了意想不到的效果。1955年，每50个美国家庭中才有一个家庭拥有空调，而到了1980

年，大多数家庭都拥有了空调。空调在世界范围内迅速普及（现在全球有 20 多亿台空调）。空调的制造技术使许多发达国家的人口大规模向赤道附近迁移成为可能。美国人大量迁移至佛罗里达，澳大利亚人大规模迁移至昆士兰，新加坡、迪拜和多哈等位于赤道附近和沙漠之中的城市蓬勃发展。实际上，空调在很大程度上重塑了世界。[7]

经济的环球旅行

经济学向其他学科的扩散可以追溯到 20 世纪。有一天，经济学家加里·贝克尔发现自己开会快迟到了。[8]他意识到，如果他合法停车，他就会迟到；只有违章停车，他才能准时到达会议地点。贝克尔计算了被抓的概率，用其乘以罚款得出期望成本，并发现期望成本小于按时参加会议的预期收益。这一经历使他写出了一篇影响深远的文章——《犯罪与惩罚：一个经济学的进路》。[9]贝克尔认为，与其假设罪犯是愚蠢的，不如设想一下，如果罪犯像其他人一样试图最大化自己的利益，他们会怎么做？这一研究表明，威慑既取决于惩罚，也取决于被发现的概率，如果潜在的犯罪分子不重视长期价值，那么安排更多的警察巡逻可能比加倍监禁判决更有利于减少街头犯罪。

贝克尔的研究还把经济学的工具引入了歧视的研究。[10]他认为，种族歧视的雇主将为员工支付更高的工资。由于拒绝雇用少数族裔求职者，种族主义雇主可雇用员工的范围缩小。因此，为了获得同样水平的员工，他们最终会比非种族主义雇主支付更高的薪酬。在竞争激烈的市场中，顾客不会为雇主的偏见买单，因此成为种族主义者将导致雇主利润降低。贝克尔的研究表明，更激烈的竞争将给种族歧视的雇主带来经济上的压力，这也为他们选择最佳人选提供了经济上的激励。这同样适用于其他形式的歧视，例如对女性、老年工人、宗教少数群体和残障人士的歧视。竞争本身并不能消除歧视，但它可以在减少歧视中发挥重要的作用。

在此期间，应用经济学也在不断推进。其中一个关键领域是将相关性与因果关系分离开来。穿大码鞋的人往往更高，但穿大码鞋不会让人长高。吃冰激凌的人有可能更容易被晒伤，但大热天不吃冷食也不能让你远离皮肤癌。在经济学领域，确定对外援助对经济增长的影响（因为对外援助通常针对处于困境中的国家）或者理清出口对公司业绩的影响（因为管理得较好的公司往往更具有全球化发展的前景）都是很棘手的。

海运集装箱

20世纪50年代初，码头上堆满了各种各样的纸箱、桶和板条箱。装载一艘船可能需要拖拽成卷的钢丝、松散的木料、成捆的棉花和成桶的橄榄。货物经常受损，工人经常受伤或死亡；把所有东西搬上船可能需要几天时间，装卸船只的费用有时占总运输费用的一半。对于许多商品来说，国际贸易是不可能的。

现代集装箱的发明者是美国货运企业家马尔科姆·麦克莱恩。1956年4月26日，麦克莱恩把58个集装箱装上"SS Ideal X"号，并把它们从新泽西州运到得克萨斯州。他的集装箱在每个角落都有一个扭锁装置，这样集装箱就可以很容易地用起重机移动。在接下来的几十年里，麦克莱恩和运输行业的其他人讨论了这些规范，最终确定了一个标准。今天，世界上大多数集装箱的长度为12.2米，宽度为2.4米，高度为2.6米，每个集装箱

最大的轮船能装载1万个集装箱

通常可以装载30吨货物。现代集装箱船有数百米长，可装载数千个集装箱。装卸货物需要几个小时，由计算机系统管理，以确保船舶始终保持稳定。

标准化的海运集装箱大大降低了运费，几乎不需要考虑它。一个标准化的钢铁箱子拉近了世界的距离。

在实验科学领域，研究人员可以控制加入每个试管的东西来进行比对分析，但在现实世界中与人打交道时，事情就变得更为复杂了。但是，医学已经开始转向随机试验。第二次世界大战结束后不久，研究人员测试了结核病治疗方法和脊髓灰质炎疫苗，并将它们与随机选择接受安慰剂的患者进行比较，社会科学家从中看到了他们可以借鉴的方法。

1962年，随机政策实验向前迈出了重要的一步，开始了两项测试：一项测试是早期儿童干预措施的社会实验，即田纳西州的早期培训项目；另一项测试是密歇根州的佩里学前教育项目，它用于评估高质量的早期儿童项目是否能对处于极度弱势的学龄前儿童产生影响。实验的结果显示，实验双方的差异很明显，那些接受早期干预的人比没有接受早期干预的同龄人收入更高，犯罪率更低。这一实验不仅重塑了经济学家对幼儿期的思考，也使人们对将随机化作为一种区分相关性和因果关系的工具的兴趣日益浓厚。

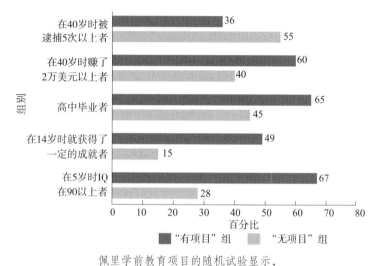

佩里学前教育项目的随机试验显示，
"有项目"组和"无项目"组之间存在巨大差异

第二次世界大战后的几十年里，经济一体化持续增强。关税及贸易总协定签订后，各成员先后于1949年、1951年、1956年、1962年、1967年、1979年和1994年签署了重要的关税协定。1957年，欧洲经济共同体成立，6个创始成员国之间取消了所有的关税，并在接下来的几十年里不断吸引更多成员国加入。如今，欧盟已是世界上最重要的贸易集团，由27个国家、4亿多人组成。[11]欧盟的成立使小国的人能够享受到一些大国的人所享受的许多好处。例如，卢森堡人口只有 60 多万，但他们可以自由地在欧盟境内的任何地方旅行、工作和交易，而不是局限于卢森堡国内的产品和机会。

曾经被视为超级富豪特权的航空旅行，如今它的价格持续下跌，与其他产品价格相比，机票价格在 20 世纪 60 年代下降了四分之一，但飞行速度却提高了近一倍。[12] 1970 年首次推出的宽体民用飞机波音 747 可搭载约 400 名乘客。不断增长的航班需求带来了另外一个问题：乘客经常在机场支付机票款，但信用卡处理缓慢，这导致一些旅客错过飞机。1970 年，美国航空公司、IBM 公司和美国运通公司在芝加哥奥黑尔机场首次试验了磁条信用卡技术，这项技术简化了航空旅行，并广泛地改善了零售体验，同时它也导致了个人债务的增长。如今，印度信用卡债务的中位数超过 300 美元，美国信用卡债务的中位数超过 5000 美元。[13] 大量的研究表明，当人们使用信用卡而非现金进行支付时，他们更容易超支，即做出之后会感到后悔的购买决定。[14]

我们可能后悔购买新商品的一个原因是，许多商品在我们离开商店的那一刻就贬值了。1970 年，经济学家乔治·阿克尔洛夫解释了其中的缘由。[15] 假设二手车卖家知道他们卖的是高质量车（桃子）还是低质量车（柠檬），但买家不知道这个信息。这种信息差会导致柠檬（低质量车）卖家充斥市场。当买家知道自己很可能买到柠檬（低质量车）时，买家只愿意支付柠檬（低质量车）的价格。于是卖桃子（高质量车）的卖不出去了，二手车市场就变成了"柠檬市场"。这项最终为阿克尔洛夫赢得诺贝尔经济学奖的研究，在发表前曾被三家期刊拒稿，这也为那些论文被拒的经济学家提供了安慰（目前五大经济学期刊的拒稿率约为95%）。[16]

在拉丁美洲，一些国家开始远离全球化。在阿根廷，经济学家劳尔·普雷维什倡导进口替代工业化。进口替代工业化是指低收入国家通过贸易保护的方式，寻求建立一个以有大量国内需求的产品为基础的制造业体系。比较优势贸易理论认为各国应该专业化生产，而进口替代理论认为各国可以从建立多样化的制造业中获益，许多进口替代的支持者主张提高关税以抑制进口。事实证明，当对自己生产过程中需要使用的商品（如弧焊机、拖拉机或办公设备）征收关税时，这种做法的破坏性尤其明显。进口替代工业化并没有产生人们所预期的经济收益，在20世纪末基本上被放弃使用了。

在第二次世界大战后的十年里，一波又一波的国家宣布独立，包括菲律宾、约旦、叙利亚、利比亚、柬埔寨、老挝和越南等。其中体量最大的是印度，它果断脱离了资本主义。印度笨拙的中央计划体系、严重的腐败以及国际贸易的缺失导致了"印度式增长率"。曾在1947年至1964年担任印度总理的贾瓦哈拉尔·尼赫鲁在访问苏联期间所看到的景象影响了他，他决定让政府对经济进行严格监管，并发起了一系列模仿苏联体制的"五年计划"。印度的"许可证制度"意味着，一家公司在获得生产许可之前，必须满足多达80余个机构的要求，[17]同时生产什么以及以什么价格出售也是由印度政府规定的。

印度在1947年独立后没有经历过饥荒。印度经济学家阿马蒂亚·森提出了一种导致这种情况的原因的理论。阿马蒂亚·森在9岁时目睹了1943年孟加拉大饥荒[⊖]的发生，并协助向这场灾难的受害者分发大米，这场灾难最终导致大约300万人丧生。阿马蒂亚·森认为饥荒不仅仅与粮食生产有关，政府将粮食从需要的地方转移出去的行为也会导致饥荒的发生，因此阿马蒂亚·森认为拥有新闻自

　　⊖　发生在未分开时的孟加拉（独立的孟加拉国和印度的西孟加拉邦）。——译者注

由的国家不太可能发生饥荒。阿马蒂亚·森的理论强调人的权利，即为自己的利益行事的能力。他认为人类的繁荣不仅是"免于自由"（不受他人干涉的自由），而且是"选择的自由"（比如接受教育的自由或者是积极参与民主的自由）。

1943年孟加拉大饥荒期间，饥饿的市民在施粥所排队等候

阿马蒂亚·森对联合国的《人类发展报告》产生了重大影响，该报告根据经济产出以外更广泛的指标对各国进行排名。但其实在许多情况下，这些指标是同时出现的，更民主的国家往往有更快的经济增长速度[18]，更鼓励妇女

充分参与社会生活的国家一般拥有更高的生活水平。[19]

　　20 世纪 70 年代末是一个转折点，许多国家转向了市场经济。对于一些人来说，市场的引入引发了资本主义是否走得太远的探讨，而对于另一些人来说，市场的引入则代表着每天晚上吃饱饭和饿着肚子睡觉之间的区别。

渴望改变

　　历史上最严重的饥荒主要有1693年至1694年发生的法国大饥荒、1740年至1741年和1846年至1852年发生的爱尔兰大饥荒、1868年发生的芬兰大饥荒和1975年至1979年发生的柬埔寨大饥荒。[20]在这几次饥荒中，各国死亡人数均超过5%。贫穷国家最容易受到饥荒的影响，因为它们在困难时期可利用的资源较少。饥荒通常是由极端天气导致的连续歉收引发的，同时政府的失败可能会加剧饥荒。极权主义政府更容易犯政策错误，隐瞒灾难的真实程度，拒绝外部的援助。

　　当饥荒来袭时，人们更有可能死于疾病，而不是真正的饥饿。在饥荒中最有可能死亡的人是最贫穷的人、幼儿和老人。相比于男性，女性在饥荒中生存下来的概率更高，这很可能是因为女性身体的脂肪与肌肉比高于男性。

随着时间的推移，饥荒造成的死亡人数比例有所下降。即便如此，在20世纪死于饥荒的人数比死于两次世界大战的人数之和还要多。如今，严重的作物歉收不一定会导致饥荒。联合国粮食及农业组织和世界粮食计划署是为了防止饥荒而设立的两个国际农业组织，它们通常能够在获准进入一个国家后提供粮食救济。目前，饥

布里奇特·唐纳和她的两个孩子，他们在1846年至1852年爱尔兰大饥荒中受苦受难，该饥荒导致爱尔兰12%的人死亡

荒的危险更多是来自政治风险，而不是农业风险，如果有了良好的政府治理，世界可以杜绝饥荒的发生。

第十章

市场，到处都是市场

技术和政策驱动的变革

社会变革往往更多地是由技术和政策而非社会规范驱动的。在东方社会，政策的影响表现得尤为明显。例如，中国 1978 年的改革开放改变了数百万人挨饿的情形。自1978 年以来，中国经济年均增速超过 9%，其中贸易一直是其重要组成部分，国际贸易使中国厂商能够向全球市场销售产品。

在中国强化市场作用的同时，英国和美国也在朝着相同的方向发展。1979 年英国首相玛格丽特·撒切尔（一般称为撒切尔夫人）和 1980 年美国总统罗纳德·里根当选之后大大减少了政府对经济的干预。在英国，撒切尔夫人将大部分公共事业私有化，允许公共住房的租户购买他们的房产（对于长期租户来说，价格是市场价值的一半）。在这种政策背景下，超过 100 万套公共住房私有化。最初住房拥有率上升，但随着许多新房主将房屋转卖给房产中介，房屋拥有率随之下降。

在美国，里根执政的 8 年里，最高个人税率从 70% 降至 28%。针对空中交通管制员的罢工问题，里根解雇了 1 万多名工人并雇用了非工会成员代替他们，商界领袖也纷纷效仿。在接下来的几年里，罢工的铜矿工人、肉类包装工人、公共汽车司机和造纸工人发现自己失业之后工会的力量开始减弱。[1] 同时，里根还减少了政府对价格的管制，放松了对有线电视、海运、天然气和州际卡车运输服务的价格管制。[2]

芝加哥大学的米尔顿·弗里德曼是为撒切尔夫人和里根提供建议的经济学家。口齿伶俐、精力充沛的米尔顿·弗里德曼撰写了《资本主义与自由》，他与妻子合著了《自由选择》等畅销书，他们还制作了一部十集的电视经济纪录片，并定期在报纸上发表文章。弗里德曼抨击了政府支付可以帮助经济免于衰退的说法。相反，他提出了永久性收入假说，基于当前的政府支出将需要由未来增加的税收来支付的家庭预期，弗里德曼认为支出是和税收密切相关的。

永久性收入假说很简洁，但它在描述人们的实际行为方面却表现欠佳。要么因为人们不是完全理性的，要么因为人们相信政府刺激会扩大税基，因此政府支出可以促进整体的经济活动。在实践中，家庭不会因为预期到未来的税收而削减支出。不管政府的政治立场如何，一个国家在经济衰退时不会严厉地指责那些实行过度扩张财政的人的不道德行为。相反，他们会采取凯恩斯主义的主张，提供及时的、有针对性的、暂时的财政刺激。正如英国央行前行长马克·卡尼所言："金融危机中没有自由意志主义者。"[3]

弗里德曼并非20世纪80年代唯一有影响力的"芝加哥学派"[⊖]经济学家。在竞争政策方面，罗伯特·博克和理查德·波斯纳主张对公司合并采取更宽松的政策，即所

　⊖ 芝加哥学派是许多不同学派的统称，因这些学派都源自于芝加哥大学（或芝加哥市），故名为芝加哥学派。——译者注

谓的消费者福利标准。他们声称大公司可能是有效的，并指出了大公司更有效地生产产品的例子。在 20 世纪 80 年代，这种思想在美国和世界各地越来越占据主导地位。根据芝加哥学派的观点，重要的不是合并或定价政策是否会损害竞争对手，而是它是否会损害消费者。在里根时期，竞争法被削弱，银行被赋予了投资更广泛资产的自由。

过度夸大的私有化

在 20 世纪 80 年代，许多发达国家试图缩减公共部门，削减公司税率和个人税率。一股私有化浪潮席卷全球，欧洲、亚洲和拉丁美洲的政府纷纷出售电话运营商、港口、收费公路、电力生产商和铁路等国有企业。当时，许多经济学家认为，这些企业在私有制下运行会更为有效，因为它们将受到市场的严酷考验，并可能面临竞争压力。

在实践中，私有化的作用似乎被过度夸大了。在很多情况下，被私有化的资产都是自然垄断企业，它们的主导地位使它们不受竞争对手的威胁。任何想要与私有化的铁路垄断企业竞争的人，都不得不在新铁路和新列车上投资数百万美元，这会吓退大多数新进入者。出售垄断铁路可能会扩充政府的金库，但如果企业在未来几十年推高火车票价格，那么这将是一笔糟糕的交易。

在商学院里，崭露头角的 CEO 们学习了决定一家公司能否获得高额利润的"波特五力模型"。当没有竞争、新进入者的威胁、供应商几乎没有议价能力、购买者几乎没有选择、没有替代品的威胁时，企业会获得超额利润。

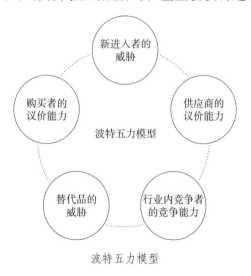

波特五力模型

然而，虽然这五种优势会带来超额利润，但对消费者不利。竞争政策则正好相反。竞争政策鼓励竞争、鼓励新进入者，并确保垄断者在与供应商和客户打交道时不会滥用权力。短视的私有化（如上面的铁路例子）往往带来了很高的初始销售价格，但实际上这相当于向消费者征收了长期税，消费者最终向私有化的公用事业支付了更多的钱。因此，如今的经济学家对可能形成垄断的供应商的私有化持更加审慎的态度。

美貌有价

亚里士多德说：美貌比任何推荐信都更有说服力。美貌经济学研究的是吸引力与收入之间的关系。之所以能做到这一点，是因为虽然美貌只在观赏者眼中，但人们对它的看法大同小异。事实证明，如果让多个评价者来评估一个对象的吸引力，他们会得出相似的答案。

经济学家丹尼尔·哈默梅什通过对包括吸引力评估和收入衡量标准在内的多项调查数据进行分析后估计，相貌最好的工人比相貌最差的工人的收入高出约10%。[4]在发达国家，如果你拥有美貌，那么在整个职业生涯中你可以增加数十万美元的收入。一般来说，男性的吸引力与工资之间的关系要强于女性。在与客户互动较少的职业中，美貌效应依然存在，这表明雇主可能对吸引力较低的人存在歧视。这种现象被称为"外貌歧视"，但很少有司法管辖区将基于外貌的歧视定为违法行为。

漂亮的人还能在其他方面受益。有吸引力的人更容易获得贷款，有吸引力的政治候选人更容易当选，有吸引力的刑事被告更有可能被无罪释放，有吸引力的

婴儿会盯着漂亮的面孔看更长的时间

学生在课堂上的发言会得到更高的分数，有吸引力的教授（即使是经济学教授）获得的教学评价也更高，即使是婴儿，也会盯着漂亮的面孔看更长的时间。

但如果你不漂亮，也不要着急。那些没有传统美貌的人应该牢记比较优势理论，专注于自己其他方面的优势，如头脑、体力和个性。

第十一章

通货膨胀目标制与不平等

通货膨胀目标制与央行独立性

在 20 世纪 80 年代，经济政策制定者在降低通货膨胀方面取得了稳步的进展。我们曾遭遇通货膨胀最具有危害性的一面：恶性通货膨胀。与第一次世界大战后的德国类似，匈牙利在第二次世界大战后也经历了一轮残酷的恶性通货膨胀。匈牙利的年通货膨胀率一度达到了 419 000 000 000 000 000%，同时政府发行了面值为 1 兆亿的货币。[1]1989 年，随着物价每个月都翻一番，阿根廷

146

政府宣布该国已经耗尽了纸币供应。就是字面意思，真的没纸了。在罗伯特·穆加贝的统治下，津巴布韦的恶性通货膨胀达到了物价每天翻一番的地步。在一个案例中，津巴布韦一家大型银行的自动取款机出现了"数据溢出错误"，因为它们无法处理取款中的零的个数的问题。[2]

恶性通货膨胀的问题支撑了金本位制，它将一种货币的价值与贵金属固定在一起。但是在实践中，这被证明效果并不好。我们没有理由期望世界黄金开采的速度与使用金本位制的国家经济增长速度相匹配。如果矿工发现一个巨型的金矿，我们真的希望它能降低货币的价值吗？20世纪70年代初金本位制的终结意味着各国可以根据自身人口的增长和生活水平的提高来增加货币供应量。主要经济体也开始将其货币与其他国家的货币脱钩，放弃固定汇率转而采用由货币供求决定的浮动汇率。

但在央行受政治家控制的时代，经济因素并不是管理通货膨胀的唯一考虑因素。政府发现在选举前制造一场繁荣是很诱人的，而随后是选举后的萧条。这场繁荣可能帮助政客保住他们的工作，但许多普通工人却在大选后的危机中失去了工作。这个问题很明显，以至于我们只要看看经济图表，就可以挑出选举年。在战后的几十年里，美国的经济增长率在大选后的一年往往比选举年要低，在欧洲也可以看到类似的模式。

对利率设定的政治干预有时是直接的，但也可能是隐蔽的。1972 年，面对不断上升的通货膨胀率，美国总统理查德·尼克松担心美联储会通过提高利率来减缓经济增长。为了胁迫中央银行，尼克松故意放出了有关美联储主席阿瑟·伯恩斯要求加薪 50% 的假消息。[3]

"政治经济周期"的曝光导致了一种新的发展趋势：财政政策仍将由民主选举的政治家制定，但货币政策将由央行独立执行。在整个发达世界，20 世纪 80 年代央行行长的独立程度稳步提高。高收入国家的央行行长在此之前没有比普通公务员拥有更多的自主权，现在转变为几乎拥有类似法官所享有的独立性。

央行行长不仅越来越独立，他们也开始直接以控制通货膨胀为目标。在 20 世纪 70 年代和 80 年代，各国央行一直以控制货币或信贷数量等中间指标为目标，但人们认识到，通货膨胀与货币供应之间的关系可能是不稳定的。正如一位沮丧的央行官员所说："不是我们抛弃了货币总量，是它们抛弃了我们。"[4]

从 1990 年开始，新西兰政府要求央行将通货膨胀率控制在 0 和 2% 之间，新西兰成为首个要求央行明确关注通货膨胀的国家。在经历了多年两位数的年通货膨胀率之后，新西兰希望结束这种剧烈的价格波动。

其他国家也迅速效仿，例如 1991 年的加拿大、1992 年的英国、1993 年的澳大利亚。如今，大多数央行都采用了通货膨胀目标制，通常将通货膨胀率控制在 2% 左右，这个水平可以保持物价稳定，同时避免通货紧缩。正如高通货膨胀可能导致不稳定一样，通货紧缩也是一个问题，因为它可能会阻碍支出，例如，家庭预计明年采购的商品会更便宜，因此推迟了大宗采购。

实际上，中央银行控制着短期利率，这使它们能够影响商业银行对家庭和企业借款所收取的长期利率。

为什么利率对经济有这么大的影响？从某种意义上说，利率反映了选择在今天而不是明天消费的"价格"。当利率较低时，企业和家庭有动力提出他们的计划，比如开一家新工厂或者买一座度假屋。低利率可能会打破平衡。相反，较高的利率降低了借贷的吸引力，通过鼓励延迟满足来减少经济活动。对于央行来说，利率就像汽车上的刹车和油门——在正确的时间踩下正确的踏板，你就能迅速到达目的地，而不会偏离道路。

一些央行只以通货膨胀为目标，而另一些央行则有双重使命，包括关注失业等其他因素。在实践中，这种差异可能比表面上看起来要小。多亏比尔·菲利普斯的研究（他建立了一个经济水力模型），我们知道，在短期内，通货膨胀与失业之间存在着密切的关系。因此中央银行也注意到通货膨胀将不可避免地影响就业和经济增长，中央银行的目的是使经济保持在"金发女孩状态"㊀——不太冷，也不太热。

通货膨胀目标制和央行独立性取得成功了吗？就通货膨胀而言的确是成功的。在 20 世纪 70 年代的石油危机之后，美国的年通货膨胀率连续 10 年保持在 6% 以上，并在 1980 年达到 14% 的峰值。[5] 在 20 世纪 90 年代和 21 世纪头十年，美国的通货膨胀率一直保持在低位。英国和日本的情况也类似，这两个国家的通货膨胀率在 20 世纪 70 年代达到 20% 的峰值，然后在 20 世纪 90 年代和 21 世纪头十年降至一个稳定的低位。

㊀ 指的是某个经济体内高增长和低通货膨胀并存，而且利率可以保持在较低水平的经济状态。——译者注

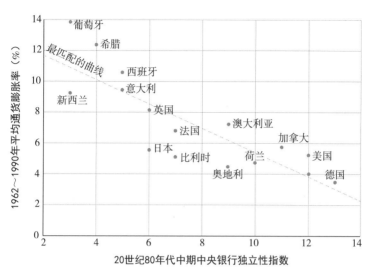

经合组织国家的通货膨胀和中央银行独立性

央行面临的挑战是利率会影响未来的行为，因此货币政策将永远由它们对即将发生的事情的最佳猜测来决定。就像美联储主席曾经说过的一样，这样做的目的是在派对开始火热的时候把酒杯拿走。[6] 正如我们将看到的，在21世纪最初的几十年里，央行行长在试图取得平衡的过程中面临着新的挑战。

当新西兰率先实行通货膨胀目标制时，印度正准备实施其历史上最重大的一些改革——这些改革直接涉及政府与市场之间的平衡。1991 年，印度财政部部长曼莫汉·辛格向议会提交了一份预算，废除了大部分"许可证制度"——规定企业可以生产什么的制度。卢比贬值，出口商受益，一些行业向外国投资开放。印度改革的动力是外汇危机，印度仅有勉强维持两周的外汇，而且刚刚将 47 吨黄金运往伦敦，作为一笔紧急贷款的抵押品。[7]辛格认为，这些变化将标志着印度成为"世界主要的经济大国"。

就像 1846 年英国废除《谷物法》一样，印度 1991 年的改革对经济产生了巨大的影响，经济增长速度加快，私营部门迅速发展。印度最大的跨国企业塔塔集团扩大了业务范围，从化工生产到咨询服务无所不包。在殖民主义的一次彻底逆转中，塔塔集团收购了英国最大的茶叶制造商泰特利和标志性的汽车品牌捷豹。然而，印度改革的故事也提醒我们，只关注平均值是有风险的。改革前，印度底层 50% 人口的收入增长速度远高于顶层 1% 人口的收入增长速度。改革后，印度顶层 1% 人口的收入增长速度远高于底层 50% 人口的收入增长速度。[8]

与许多其他低收入国家相比，对于新企业家来说，印度是一个更具有挑战性环境的国家。2020 年，世界银行估计在印度开办企业需要 10 道手续，耗时 17 天，并且花费近一个月的平均收入。[9]而另一个极端是，在东欧国家格鲁吉亚开办企业只需办理一道手续，耗时一天，花费相当于一个星期的平均收入。

经济一体化的步伐

在 20 世纪下半叶，贸易量的增长速度超过了全球经济产出的增长速度，反映出经济一体化程度的提高。但是这一趋势从 1985 年到 1995 年加速了——一位贸易历史学家将这一时期称为"世界改变"的十年。[10]自由化的驱动因素各不相同。一些国家变得更加开放，因为它们已经耗尽了外汇供应。其他国家则被世界银行和国际货币基金组织等全球性机构说服，相信贸易将促进繁荣。这 10 年间席卷全球的民主化浪潮也使政治倾向于降低关税，远离保护裙带企业。

1995 年，世界贸易组织终于诞生了。半个世纪以前，布雷顿森林体系设想建立一个"国际贸易组织"，但美国参议院对这一提议犹豫不决，迫使世界转而依赖关税及贸易总协定。然而，尽管该机构的名字有些笨拙，但在它的监督下，全球平均关税从 1947 年的 22% 降至如今的 3%。[11]

另一个刺激贸易的因素是 11 个高收入的欧洲国家决

定采用统一的货币——欧元。从 1999 年开始，欧元使人们更容易进行贸易和旅行。然而，不利的一面是参与国失去了在危机中让本币贬值的灵活性。10 年后，当欧洲债务危机导致希腊陷入深度衰退时，这种危险就显现出来了。

贸易对亚洲国家及地区的经济发展轨迹尤为重要。亚洲"四小龙"（韩国、中国台湾地区、中国香港地区和新加坡）成功地采用了出口导向型的经济增长方式，从 20 世纪 60 年代到 80 年代，亚洲"四小龙"的平均收入迅速增长。在 20 世纪 80 年代，中国与美国和欧盟达成最惠国待遇协定，确保其出口产品的关税不会高于适用于其他贸易伙伴的关税。2001 年，中国加入世界贸易组织。

其他亚洲国家也走上了类似的道路。20 世纪 90 年代，议员们开始讨论 5 个经济体——印度尼西亚、马来西亚、菲律宾、泰国和越南。出口导向型制造业、外商投资以及教育事业稳步发展为这些国家在两代人的时间里从低收入国家稳步向中等收入国家转变做出了贡献。观察这种影响的一种方法是将这些更开放的经济体与拉丁美洲更封闭的经济体（如巴西和阿根廷）进行比较。在 20 世纪中叶，东亚的生活水平还不到拉丁美洲的一半。而到 20 世纪末，这一差距几乎没有了。[12]

当一名新加坡期权交易员搞垮伦敦历史最悠久的商业银行——巴林银行时，金融力量向亚洲转移的趋势明显提升。28岁的尼克·李森从事衍生品交易，这是一种从另一种资产中获得价值的金融工具。最简单的衍生品是农产品期货。假设一个种植小麦的农民担心从现在到收获日之间小麦价格的变化，期货市场允许农民以今天的价格出售农作物，以便在未来某一天交割。衍生品的另一种形式是以给定价格买入或卖出的期权，可以用来转移风险。

正如保险将风险从客户转移到保险公司一样，衍生品也将风险转移到另一个交易员身上。李森在巴林银行的早期交易进行得十分顺利，一年内就占到了公司利润的10%，但当他遇到问题时，他设立了一个"错误账户"，向管理团队隐瞒自己的损失。1995年，李森做了一笔交易，赌的是日本股市不会下跌。当神户大地震发生时，他输掉了赌注。衍生品交易的风险使问题变得更糟。当你持有股票时，可能发生的最坏情况是它们的价值趋于零。相比之下，当你拥有某些衍生品时，你的损失是无限的。巴林银行亏损超过10亿美元。银行倒闭，李森入狱。一代人过去了，衍生品继续受到监管机构的严格审查。衍生品可以降低个人交易者的风险，但也可能使整个金融体系更加不稳定。

尽管金融市场动荡不安，但对于许多亚洲人来说，20世纪90年代的故事是一个日益繁荣的故事。解释经济发展是经济学的一个核心问题，有一个对贫穷国家如何致富提供了新见解的人，他的人生经历是所有经济学家中最不寻常的。

在北京大学学习经济学时，林毅夫有一个幸运的机会。诺贝尔经济学奖得主西奥多·舒尔茨访问中国，林毅夫担任他的翻译。舒尔茨对这位年轻人印象深刻，他为林毅夫安排了全额奖学金，让他在芝加哥大学完成博士学位，一个成功的研究生涯随之而来。

在林毅夫担任世界银行首席经济学家期间，他的理论在许多书籍、文章和演讲中得到了充分的展示。林毅夫认为：在第二次世界大战后发展得较好的低收入国家不仅以市场为导向，它们的宏观经济政策稳定、经济开放，而且还由积极主动的国家来领导。[13] 这些国家的政府确定了它们认为具有比较优势的商业部门，并通过建立经济特区、投资基础设施和促进外国投资来提供帮助。拉丁美洲建议各国将自己与外国竞争隔离，而林毅夫的东亚策略则建议各国通过资助研究和建设基础设施来支持关键的出口产业。然而，即便是这种方法也是有风险的，因为政府可能会选错行业，或者发现一项临时政策已经变成了永久性政策。正如批评人士所指出的那样，对"幼稚产业"的支持往往会持续到那些早已不需要尿布的行业。

即使在最以市场为导向的国家，政府在刺激技术发展方面也发挥了强有力的作用。[14]伦敦大学学院的玛丽安娜·马祖卡托指出，重大的技术突破往往是在政府投资于技术"任务"时出现的，比如登陆月球或建立互联网。"创业型国家"一直是创新背后的推动力，而这些创新往往被错误地归因于私营部门。

创新揭穿了悲观论者的谎言

技术的迅速普及是世界人口和预期寿命持续上升的一个关键原因。1798 年托马斯·马尔萨斯认为，粮食供应不可能超过人口增长，大规模饥荒和人口死亡是不可避免的。1968 年，生物学家安妮·埃尔利希和保罗·埃尔利希夫妇宣布，"为全人类提供食物的战斗已经结束"。他们接着预测，"在 20 世纪 70 年代，世界将经历饥荒——数亿人将饿死"。埃尔利希夫妇建议发达国家应该为小家庭提供税收优惠，并强烈建议停止对印度的所有粮食援助，因为这个国家"在人口与粮食博弈方面远远落后，我们的粮食援助没有希望帮助他们实现自给自足"。

印度现在的人口是埃尔利希夫妇写书时的两倍多。在印度，人们的营养水平不断提高，儿童死亡率逐渐下降，而人口的预期寿命和平均身高则不断上升。印度的生育率已经降到每名妇女生育 2.1 个孩子的"替代率"以下，2.1是人口可以维持的水平。[15] 根据目前的预测，在大约一代人的时间内，全球生育率将低于人口替代率，此后世界人口将达到 100 亿左右的峰值，然后开始下降。[16]

为什么马尔萨斯和埃尔利希是错误的呢？其中一个主要的原因是，创新揭穿了悲观论者的谎言。铁丝网使大型动物被廉价地控制起来，便于大规模饲养牛羊。拖拉机使大规模种植成为可能，为农民节省了大量的劳动时间。哈伯－博施法使将大气中的氮转化为氨基肥料成为可能。人们不再从热带岛屿上采集鸟粪，而是工业化地生产肥料，全球产量超过 2 亿吨，现在你体内一半的氮是用哈伯－博施法产生的。[17]

20 世纪 60 年代"绿色革命"的一个关键发展是培育

出了半矮化的抗病小麦，这种小麦的产量几乎是普通小麦的两倍。诺曼·勃劳格领导了这些植物在印度、巴基斯坦和墨西哥的引进，因此他被认为挽救了超过 10 亿人的生命。最近一段时间，转基因作物使农民能够在提高产量的同时减少农药的使用。现在，世界上超过 10% 的耕地都种植了转基因作物。农药使用量减少的部分原因是受到了蕾切尔·卡森的《寂静的春天》一书的影响，书中提到了这样做对自然环境有好处。它还降低了农药中毒率和农民自杀率[18]。研究人员目前正在探索一系列可能的基因改造，包括富含维生素的蔬菜，以及能够更高效地进行光合作用的植物。

在医学上，现代抗生素改变了医生治疗细菌感染的方式。一个世纪以前，美国总统卡尔文·柯立芝的儿子在一场网球比赛后死于脚趾上的水泡感染。几年后，亚历山大·弗莱明发现了青霉素。在诺曼底登陆时，盟军已经获得了数百万剂量的青霉素。在第二次世界大战后，青霉素已经实现了民用。今天，抗生素在医学和农业中广泛使用（有时也过度使用），结核病、破伤风、脊髓灰质炎、乙型肝炎、麻疹、流感、肺炎和新冠病毒疫苗挽救了数百万人的生命。

经济无关金钱，就像建筑无关英寸一样

经济学家在扩大有效治疗方法的接受范围方面发挥了重要作用。在 20 世纪 90 年代，专家对于抗疟疾蚊帐是出售还是免费赠送存在分歧。一些人认为，获得免费蚊帐的村民不会对蚊帐重视起来，可能会选择把它当作一个低效的渔网，而不是为自己和孩子提供救生保护。为了解决这个问题，研究人员进行了一系列大规模的随机试验，其中一些实验对象免费获得了蚊帐，而另一些人则有机会以一个优惠的价格购买这些蚊帐。结果表明，免费蚊帐的接受程度更高，而且两者用于预期目的的可能性相同。[19] 因此，捐助机构选择提供免费的蚊帐。在埃丝特·迪弗洛、阿比吉特·班纳吉、迈克尔·克雷默和迪恩·卡尔兰的带领下，随机试验在经济学发展中无处不在。随机化的优势在于，它提供了一种识别因果效应的有力手段。

人们很容易忽视由卫生和农业领域的创新所促进的全球人口大规模增长和预期寿命的提高。自 1800 年以来，世界人口已从 10 亿增长到 80 亿。那时，没有一个国家居民的平均预期寿命超过 40 岁，而现在每个国家的平均预期寿命都超过了 40 岁。全球平均预期寿命已从 1800 年的 30 岁以下上升到今天的 70 岁以上。

从经济的角度来看，人口和预期寿命的增加很可能比平均收入的增加重要。假设你可以在两倍时长的健康生活和两倍的收入之间做选择，你会如何选择。我愿意选择长寿，我知道很多朋友也会这么做。这一点也提醒人们，经济的核心是幸福，而不是收入。正如澳大利亚经济学家贾斯汀·沃尔夫斯所提出的那样，经济无关金钱，就像建筑无关英寸一样。在比较成本和收益时，金钱是一个有用的衡量工具，但它并不是最终目标。

以上这些表明，技术进步和进入全球市场并不能解决世界上的所有问题。许多国家似乎陷入了"中等收入陷阱"——无法跨入高收入行列。那些已经完成了这一过渡的国家（如日本、新加坡和韩国）都是中等收入陷阱的例外情况。截至 2020 年年底，有 7.19 亿人处于极端贫困中，即每天的生活支出低于 2.15 美元。其中大多数人生活在撒哈拉以南的非洲地区。

在世界上大多数国家，不平等现象在过去的一代人中有所加剧。在一些国家，不仅富人变得比其他人更富，而且穷人也变得更穷了。

全球经济增长分布可视化的一种方式就是所谓的"大象曲线"。这张图最初由塞尔维亚的经济学家布兰科·米兰诺维奇提出，后来由其他研究人员更新，该曲线描述了

1980 ～ 2016 年全球收入增长率的分布情况：最贫穷的人在左侧，最富有的人在右侧，中产阶级在中间。

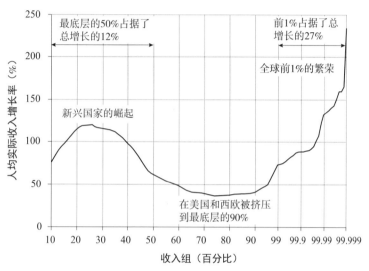

1980～2016年世界各地区总收入增长的百分位数

　　如果你眯着眼睛看，结果得到的图形像一头大象：在最左侧（尾部）增长缓慢，在第 20 和第 30 百分位数之间的人（后面）增长更快，然后是中上部（鼻子向下的曲线）的微弱增长，以及那些收入最高的人（鼻子的顶端）的惊人增长。新兴经济体的强劲经济增长在图上体现为一个明显的隆起。发达国家中的中产阶级沿着曲线的底部分布，但是全球精英阶层的日益繁荣造就了曲线向上伸展的部分。

　　总的来说，如果教育与技术发展同步，如果工会强大，如果实行税收累进制，那么国家往往会更加平等。如果经济增长率（g）与资本回报率（r）保持同步，平等性也会得到改善。

通过社会保障减少不平等有许多不同的方式。欧洲模式倾向于为那些失业者提供更慷慨的救济。相反，美国模式则是专注于鼓励就业。在减少不平等方面，其中一种方法是个人所得税抵免，这是一个提高低收入者特别是那些有孩子的低收入者收入的政策，政策力度最大的是计划提供40%的补贴——这意味着时薪20美元的人在获得所得税抵免后将获得28美元。

这两种模式中哪一种更好，取决于你认为人工智能对工作会有什么影响。[20] 就业悲观主义者认为，人工智能驱动的机器人正在稳步变得更智能，并且很快就能完成所有你可以想象到的任务，所以我们最好为一个没有工作岗位的世界做好准备。就业乐观主义者指出，这种争论伴随了许多技术进步浪潮，从机械编织机到台式电脑，但工作岗位依旧存在。作为一个天生的乐观主义者，我也倾向于制定增加就业岗位的政策。对于我们大多数人来讲，一份工作不仅是收入的一种来源，也是身份的象征。失业造成的幸福感下降远远比失去工资造成的幸福感下降程度更大。

现在放弃工作还为时过早。

"医疗保健的铁三角"

医疗保健体系是美国模式与欧洲模式有明显不同的另一个领域。从"医疗保健的铁三角"的角度看待这个问题，它假设卫生系统面临着成本、质量和结果之间的权衡。[21]美国为那些有幸获得保险的人提供高质量的医疗保健，但在医疗保健上的支出比其他任何发达国家都多。目前仍有一些人没有被囊括到医疗体系中来，欧洲的医疗保健体系不太可能提供最新的治疗方法，但往往是普遍的。

医疗保健经济体制表明，一些技术突破证明了增加医疗投资是合理的。[22]β受体阻断药降低了心脏病发作的概率，并且越来越多地使用在心脏病手术中，大大增加了患者存活的概率。对于早产儿来讲，特殊的呼吸机和人工表面活性剂等改善肺部发育的治疗方法已经为早产儿提供了健康成长的可能性。白内障手术已经从一个需要住院三晚并伴随频繁的并发症的重大手术，变成了不到半小时的日常性手术。每一项技术发展都使我们的预期寿命增加，这证明了对医疗行业投资的合理性。然而，在治疗背痛的脊柱融合术等领域，似乎没有证据表明患者获得了更好的治疗。随着私人医疗和机器人手术的兴起，"医疗保健的铁三角"将得到进一步检验，各国做出的选择将影响经济发展和社会公平。

最不平等的国家往往对公共服务投资不足，经济学家约翰·肯尼斯·加尔布雷思曾称这种现象为"私富公贫"。[23]在里约热内卢，从伊帕内玛海滩两旁的豪华酒店中，你可以很容易地看到犯罪猖獗的贫民窟。在开普敦，住在城市大厦里的人使用独立电力、私人交通、私人教育和私人安

里约热内卢的贫富差距：棚户区旁边有游泳池

保，而住在棚屋里的人则必须在断断续续的电力、不可靠的火车、经济拮据的学校和每年0.067%的谋杀率下生存。在德里，富裕家庭拥有很多仆人，然而德里是世界上空气污染最严重的地区之一。

体育经济

体育经济在全球经济中所占比重不到1%，但它可以作为更广泛地理解经济行为的一个缩影。[24]这一学科可以追溯到20世纪50年代对棒球劳动力市场的分析，它在世纪之交蓬勃发展，2000年《体育经济学》杂志的创刊标志着这一学科的兴起。

市场结构很重要。垄断力量的问题在体育运动中比在常规经济部门中更严重。很少有球迷希望看到自己支持的队伍被淘汰。为了保持竞争平衡，许多体育法规共享收入、限制工资，并在为下赛季挑选球员时优先考虑联盟垫底的球队。

体育可以用来快

当两队势均力敌时，上座率会更高

速判断是否存在种族歧视，一项针对NBA篮球裁判的研究发现，他们倾向于给种族不同于己的球员判更多的个人犯规。[25]体育也提供了对感染新冠病毒长期影响的见解。通过对疫苗可用之前的那个赛季的欧洲足球运动员进行研究可以发现，那些感染了新冠病毒的人明显表现不佳。即使在感染后8个月，这些年轻运动员的传球次数也比没有感染的队友少5%。[26]

体育是一个竞技场，在这里人们对规则所产生的激励做出反应——即使这些激励与比赛精神不符。[27]

第十二章

火热的市场和更火热的地球

行为与决策

2000 年年初，pets.com 网站在超级碗[⊖]上投放了一个以其袜子木偶吉祥物为主角、价值百万美元的广告，并进行了首次公开募股，筹集到了 8200 万美元。到年底，该公司的股价从每股 11 美元暴跌至每股 0.19 美元。事实证明，这家公司有一个很好的营销策略，但它的商业策略是

⊖ NFL 职业橄榄球大联盟的年度冠军赛。——译者注

基于以远低于成本的价格来销售猫砂和狗粮。这意味着，pets.com 吸引的顾客越多，它损失的钱就会越多。pets.com 由此成为那一年科技灾难的吉祥物。

在过去的 10 年里，网络发展迅速。"Web 1.0"阶段见证了搜索引擎、文件共享、政府网站和商业活动的增长。到 20 世纪末，全球互联网用户的数量每年翻一番。[1]一些公司，如谷歌和亚马逊，将继续主导它们所在的行业。其他一些公司，如 pets.com、eToys、GeoCities、Webvan 和 garden.com 将无法获得足够的收入来满足投资者的需求。

就像几年前的亚洲金融危机一样，美国科技泡沫的破裂是一场地区性的衰退，而不是全球性的衰退。以科技股为主的纳斯达克（NASDAQ）股市从 2000 年的峰值下跌了 78%，2001 年 9 月发生的恐怖袭击又延长了这一低迷期。然而，经济衰退相对短暂，失业率的上升也相对温和，包括英国、加拿大和澳大利亚在内的许多国家都完全避免了经济衰退。

2002 年，诺贝尔经济学奖授予了普林斯顿大学的丹尼尔·卡尼曼，以表彰他在发展行为经济学方面所做出的贡献。经济学奖并不是最初诺贝尔奖中所包含的，它始于

1969 年，由瑞典央行所资助，用以纪念其成立 300 周年。非经济学家有时会质疑这是不是真正的诺贝尔奖，但这对于经济学家来说，却是行业内最高的荣誉。

卡尼曼是一名心理学家，而不是一名经济学家，但他的研究显示出一系列系统性地偏离"经济人"标准理性模型的现象。被蚊子咬死的可能性是被鲨鱼咬死的 8000 倍，死于车祸的可能性是死于飞机失事的 4000 倍。[2] 但是比起蚊子和汽车，许多人更加担心鲨鱼和飞机。我们把钱浪费在老虎机上，却没有为退休进行储蓄。餐馆可以通过在菜单上放一些昂贵的东西让我们花更多的钱，而线上零售商可以通过限时的"闪电交易"欺骗我们购买本不必要的东西。正如喜剧演员杰瑞·宋飞曾经说过的那样，我们夜行者之所以睡得很晚，是因为睡五个小时就起床对于"早起的人"来说才是一个问题。

卡尼曼与阿莫斯·特沃斯基（如果特沃斯基没有在 1996 年去世，他本可以与卡尼曼同获诺贝尔奖）合作，将行为经济学从一系列奇怪的结果中解放了出来，并将其纳入了决策的整体理论中。卡尼曼认为，大脑使用着两个"系统"。[3] 系统一是快速、本能和感性的。这一系统容易产生行为偏差。锚定偏差意味着，如果一件商品从最初的高价降到了低价，那么人们就更有可能购买这件商品。这样的计划谬误使典型的厨房改造项目的最终成本将会是预期成本的两倍。当我们做出快速判断或使用经验法则时，大脑就会使用系统一，导致我们的行为更加容易产生偏差。

系统二则更加理性，但速度更慢。当计算 2×2 时，我们使用系统一。当计算 17×24 时，我们使用系统二。这是由于系统二更努力，也往往更理性。在决定买什么样的洗衣机时，为了做出最好的决定，使用系统二是值得的。卡尼曼研究的重点不是要求我们对每一个决定都斤斤计较、理性行事，而是让我们认识到，什么时候我们的行为偏差可能会导致我们做出错误的选择，什么时候这些决定可能会让我们付出高昂的代价。如今，行为经济学已经成为经济学的标准教学内容，在研究人们如何承担风险和购买保险、我们如何权衡未来与当下，以及如何"推动"人们做出更好的决策时，行为经济学的意义尤为重要。

有史以来最大的市场失灵：气候变化

人类面临的最大决定之一是如何应对全球变暖。2005年，英国政府委托经济学家尼古拉斯·斯特恩撰写一份有关气候变化经济学的报告。次年发表的《斯特恩评论》是有史以来最重要的气候变化经济学报告之一。得益于剑桥大学阿瑟·庇古近一个世纪前的研究成果，经济学家早已熟知外部性的概念。

假设一家肮脏的工厂毗邻一家洗衣店，当工厂运转时，烟尘会沉积在洗衣店的床单上。这就是一个市场失灵的例子，因为工厂并没有为它强加给洗衣店的成本买单。最简单的解决办法是禁止在洗衣店所在区域内设立污染性的工厂（或相反）。另一种选择是，政府可以征收"庇古税"[⊖]，税收规模相当于工厂对洗衣店所造成的损害的价值。另一位经济学家罗纳德·科斯则认为，如果交易成本足够小，那么各方可以通过讨价还价来获得有效的结果（尽管他承认这种情况在实践中很少发生）。

尼古拉斯·斯特恩在报告中得出结论，气候变化是世界上有史以来最大的市场失灵。碳污染造成了巨大的社会成本，但排放者却几乎没有减少排放的动力。斯特恩认为，如果不加以控制，气候变化将对粮食生产、水资源获

⊖ 庇古税是根据污染所造成的危害程度对排污者所征的税，用税收来弥补排污者生产的私人成本和社会成本之间的差距，使两者相等。——译者注

取和人口健康产生不利的影响。缺水、沿海洪灾和饥荒可能会波及数亿人，对生活的破坏程度相当于世界大战。这些代价约等于每年永久性地损失全球收入的5%，甚至可能高达每年全球收入的20%。《斯特恩评论》的结论是，我们只需要花费比上述少得多的资金（约占全球收入的1%），就可以大幅减少温室气体的排放，从而限制气候变化所带来的最坏影响。采取行动的关键是确保在能源生产现代化、交通网络更新等领域必要的投资以减少碳排放。

联合国政府间气候变化专门委员会的科学报告引起了全世界对这一问题的关注，一些科学家认为，地球已经进入了一个新的地质时代，即"人类世"[○]。《斯特恩评论》采用经济学视角表明，采取行动的收益大于成本。报告结论的核心在于，他对未来和现在的重视程度基本相同，选择不对未来采用一般的经济贴现率。这与经济学家通常分析长期决策时的方法有所不同。在考虑是否修建高速公路时，政府通常会缩减未来的收益，用以反映一种现实情况，即这笔钱本可以用于投资并赚取回报，此举将使其在

○ 人类世是指地球的最近代历史。人类世并没有准确的开始年份，可能是由18世纪末人类活动对气候及生态系统造成全球性影响开始，这个时间正好与詹姆斯·瓦特改良蒸汽机的时间吻合。——译者注

未来更具有价值。

对气候变化的分析则不同。如果我们使用标准的经济贴现率来降低未来成本，我们实际上就是在说后代人的生命价值应被视为低于当代人的生命价值。在评估基础设施项目时，美国管理和预算办公室建议各机构使用最高 7% 的贴现率进行分析。但 7% 的贴现率意味着，如果收益是 10 年后的事，那么收益需要是成本的两倍；如果收益是一个世纪后的事，那么收益需要是成本的 868 倍。将其应用于个人，这表明一个在一个世纪前生活的人的价值相当于现代 868 个人的价值。但是，我们真的会认为美国前总统卡尔文·柯立芝的价值相当于今天一所高中全校人的价值吗？为了避免出现这种荒谬的结果，斯特恩选择使用较低的贴现率，从而加大对后代福祉的重视程度。

尽管《斯特恩评论》的发布引发了经济学家围绕贴现率选择的争论，但其基本结论现已被广泛接受。经济学家与各国政府合作设计了各种减排方案——大多数发达国家的排放量正在下降。目前，鼓励更多低收入国家实现净零排放是解决全球最大市场失灵问题的关键。

然而，市场并不总是失灵的，认识到简单交易行为所创造的价值可能是有用的。你早上一杯咖啡的价格可能会低于你愿意支付的最高价格，我们称这一差额为"消费者剩余"。同样，咖啡馆出售咖啡的价格也可能高于它愿意接受的最低价格，我们称这一差额为"生产者剩余"。

用一只回形针换取一栋房子

2005 年，加拿大博主凯尔·麦克唐纳通过从一枚红色回形针到一栋房子的交易生动地诠释了这一原则。首先，他用回形针换了一支鱼形笔。然后，他用这支笔换来了一个手工雕刻的门把手。之后，他又用门把手换了一个野营炉。一直到第 14 次，也是他最后一次交易：用一个

麦克唐纳与他的第一件和最后一件交易物品

电影角色换了一栋小房子。每一步，麦克唐纳都把新物品看得比旧物品更重要——但他的交易对象却把麦克唐纳的旧物品看得比新物品更重要。麦克唐纳不只是为自己换来了一栋房子，他还通过 14 次交易让其他人过上了更好的生活。

麦克唐纳并不是唯一一个热衷于买房的人。到 2005 年，美国经济已从短暂的科技危机中复苏，房地产市场正在掀起热潮。在这个时代，发达国家的房价普遍上涨。1995 年，一对有两个孩子的中等收入夫妇平均要花费七年的收入才能在本国首都买下一套 60 平方米（650 平方英尺）的公寓。到 2005 年，同样一套公寓的价格已经上涨到相当于十年的收入。[4]

在美国，房价的上涨尤为迅猛。2007 年，经济学家罗伯特·希勒对 20 世纪的美国房价进行了一系列分析，并将其绘制成了过山车模拟图。[5] "过山车"在最终带领观众陡然上升前，让观众上下颠簸。在最终结束时，观众可以看到"过山车"的位置比以往任何时候都要高。

在房价上涨的同时，贷款标准却在下降。在加利福尼亚的贝克斯菲尔德，一个年收入为 1.4 万美元、不懂英语的草莓采摘工获得了 72 万美元的全额购房贷款。[6]这些

NINJA（无收入、无工作、无资产）贷款是在假定房价将继续上涨的情况下发放的，允许借款人再融资。在贷款方面，贷款被"证券化"，这意味着贷款被打包出售给投资者。理论上，这样做可以更广泛地分散风险，使市场更迅速地发展。问题是，这改变了激励机制。过去，银行借钱给人们买房，如果借款人无法偿还，银行就会有亏损。证券化后，发放贷款的人不再承担风险，这就刺激了银行向无力偿还的人提供过多的贷款。

注意性别收入差距

在世界范围内，女性的时薪比男性低20%。[7]尽管随着时间的推移差距已经在缩小，但仍然是一个相当大的差距。平均而言，20世纪60年代的性别收入差距是今天的两倍。[8]在1300年至1800年间的欧洲，性别收入差距更大，女性的收入往往只有男性的一半。[9]

如何解释性别收入差距呢？从历史上看，其中一个因素是女性的受正规教育程度低于男性。现在情况已经不同了，在大多数国家，女性的受正规教育程度超过了男性，但还有一个重要的因素是男性和女性所从事的职业。照料经济中的工作主要由女性主导，而且往往支付较低的工资。工程和计算机编程等职业是由男性主导的，往往支付高于平均水平的工资。

克劳迪娅·戈尔丁因"促进了我们对女性劳动力市场结果的理解"而获得了2023年诺贝尔经济学奖。为了配合这一声明，瑞典皇家科学院发布了这幅漫画，说明了戈尔丁关于父母身份在扩大性别收入差距中作用的发现。

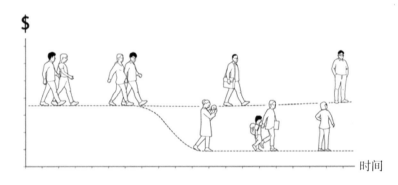

反映性别收入差距的漫画

过去，一些经济学家认为男性和女性可以自由选择职业。最近的研究对这种观点提出了质疑。例如，我们知道女性在工作中更容易受到性骚扰，而这种骚扰可能会阻止女性从事某些职业。如果技术工作的性骚扰率更高，那么这会阻碍女性选择这些职业道路，从而扩大性别收入差距。

另一个因素是歧视。女性在工作中受到的歧视程度更高，尽管这种情况在过去的一个世纪里有所减少。一项针对变性者的有趣研究发现，那些变为女性的人工资往往会下降，而那些变为男性的人工资往往会增加。[10]

在现代社会，造成男女收入差距的最大因素可能是"母性惩罚"。在许多国家，没有孩子的男性和女性的收入轨迹并没有显著的差异。但在那些有孩子的人中，女性离开劳动力市场的时间通常会比男性长。当女性有了孩子，她们的收入通常会下降或保持不变。这不仅是因为妈妈们经常兼职，还因为她们可能会发现自己的职业轨迹并不那么吸引人，有时这被称为"妈咪轨道"。由于在劳动力市场的经验较少，女性的工资要低于男性。

这种收入差距在哈佛大学经济学家克劳迪娅·戈尔丁所说的"贪婪工作"中尤为明显。[11]在许多国家，女性在首席执行官、律师事务所合伙人、政治家和外科医生等时间密集型职位上的比例严重不足。那些很难将事业和家庭结合起来的职业往往也存在很大的性别收入差距。同样，在获得儿童保育机会更有限的国家，性别收入差距也更大。"母性惩罚"的一个后果是，如果我们以终身收入而非小时工资来衡量，性别收入差距往往会大得多。即使在发达国家，母亲的平均终身收入也只有男性终身收入的一半左右——这与500年前的小时工资差距相似。[12]

影响经济发展的每一片"雪花"

投资银行高盛是将高风险的"次级"住房贷款打包成抵押贷款支持证券的金融机构之一。这些证券的买家实际上拥有许多抵押贷款的一部分。这降低了投资者在单个NINJA贷款房主那里被拖欠贷款时的风险，但在整个房地产市场下滑时，投资者仍将处于弱势。高盛广泛推销这些产品，包括退休基金。一位高盛交易员炫耀自己把次级抵押贷款卖给了"寡妇和孤儿"。与此同时，高盛还押注房地产市场会下跌，这种交易后来被称为"大空头"。高盛之后辩称，它没有隐瞒自己在做空自己销售给客户的产品这一事实。

当市场崩溃时，美国的平均房价下降了约五分之一。到2008年，每10个抵押贷款持有人中就有1个是负资产者，这意味着他们的抵押贷款价值超过了他们的房屋价值。数百万借款人拖欠贷款，失去了他们的住房。然而，高盛在财务上毫发无损。2009年，该公司盈利130亿美元，并发放了数十亿美元的奖金。高盛首席执行官劳埃德·布兰克费恩获得了 900 万美元的奖金。

这场金融危机与阿加莎·克里斯蒂笔下的《东方快车谋杀案》有着相似之处，在那部小说中，每个人都是凶手。贪婪的银行家、无能的信用评级机构、容易上当受骗的房主和松懈的政策制定者都负有一定的责任。为此，20 国集团采取了协调行动，为全球最大的 20 个经济体提供了财政上的激励。但是，仍然有许多人遭受到了持久的伤害。在美国，黑人工人的失业率上升至 10% 以上，且这种情况持续了 6 年多，而白人工人的失业率却从未达到过两位数。[13] 这是各国经济衰退的共同模式。教育和资产可以起到减震器的作用，使人们不那么容易受到危机的影响。反过来，经济学家越来越意识到，波动和劣势往往是相伴而生的。

发展经济学家越来越明确地指出，腐败在阻碍经济发展方面所起的作用。2009 年，马来西亚总理纳吉布·拉扎克成立了一个名为 1MDB 的主权财富基金，该基金将数亿美元的公共资金投入其政党的政治竞选活动以及其同僚的个人消费。刘特佐是这场骗局的主要策划者，他在伦敦、纽约和洛杉矶购买了价值数百万美元的住宅，购买了一架价值 3500 万美元的庞巴迪环球 5000 型飞机，为当时的女友米兰达·可儿购买了价值 800 万美元的珠宝，还包租了一架国际航班去悉尼和拉斯维加斯举办了为期多日的新年派对。这些赃款甚至被用来资助《华尔街之狼》——一部讲述了一个招摇撞骗的股票经纪人和他奢华生活方式的电影。人们一度认为，刘特佐可以支配的自由现金比世界上任何一个人都要多。

研究腐败问题的经济学家注意到，腐败会以各种方式阻碍发展。印度尼西亚总统苏哈托、扎伊尔总统蒙博托和菲律宾总统马科斯犯下的盗窃罪阻碍了他们国家的经济增长，加剧了不平等现象。用于购买宫殿、豪车和游艇的公共资金，无法用于政府的医疗和教育项目。在商业领域，腐败会抬高价格、抑制创新，并对老实的公共服务人员造成损害。当经济力量与公众视线之外的扭曲政治相遇时，腐败就会盛行。一位研究人员用一个等式概括了腐败的驱动因素：腐败等于垄断加上自由裁量权减去问责制度。[14]

越来越多的经济学家认识到"避税天堂"在助长腐败方面所起的作用。英属维尔京群岛的银行账户促成了1MDB 贪污案。"巴拿马文件""潘多拉文件""卢森堡泄密"和其他所披露的信息揭示了毒枭、独裁者、洗钱者以及超级富豪对"避税天堂"的广泛应用。据估计，离岸账户的每 5 美元中就有 4 美元违反了其他国家的税法。[15] 对这一问题的经济研究将有助于向"避税天堂"施加压力，迫使它们与世界各地的税务机关共享信息。

在低收入国家，"无国界税务检查员"项目会提供专业知识来使各国都能够进行严格的审计——在某些情况下，审计产生的税收收益是支付审计员费用的 100 倍。另一个有用的方法是"恶债"[⊖] 的概念，在这一概念下，国际社会一致认为借给独裁者的钱并不是真正的政府贷款，而应被视为个人贷款。[16]"恶债"的理念是改变贷款人的动机。如果银行知道，帮助独裁者购买武器的贷款在该国成为民主国家后将会作废，那么银行在发放贷款前可能会三思而后行。反过来，这可能有助于减少独裁者的资金。

"博格的愚蠢之举"

随着经济在金融危机后恢复增长，人们也逐渐意识到，全球基金经理的一些主张可能是没有价值的。在一项

⊖　经济术语。恶债是指被继承国违背继承国或转移领土人民的利益，或违背国际法基本原则而承担的债务，如征服债务和战争债务等。——译者注

研究中，研究人员对汤姆·彼得斯和罗伯特·沃特曼合著的《追求卓越》一书中所列出的 43 家公司进行了跟踪调查。他们发现，仅仅两年后，就有近三分之一的公司陷入了严重的财务困境。[17]这本在当时最具有影响力的商业图书并不总是能够找出最成功的公司。在另一项测试中，一只 6 岁大的黑猩猩瑞文通过投掷飞镖来选择自己的股票，而它的表现却超过了华尔街 99% 的专业经纪人。[18]

对于基金经理来说，最大的问题是他们能否战胜股票市场的平均表现。根据最近的一份报告，65% 的主动管理型美国股票基金在一年内的表现逊于股市。[19]换句话说，通常情况下，约有三分之二的主动管理型基金的年增长率低于股市的平均水平。5 年内，表现不佳的基金比例将增长到 88%。在 10 年内，将有 92% 的管理基金的表现低于股市。

问题不在于这些基金经理是不是愚蠢的，而在于正如经济理论所预测的那样，战胜股票市场是一件非常困难的事情。在决定买入或卖出一只股票时，分析师会仔细研究每一个细节信息，以了解产品、管理团队和市场状况。众所周知，股票市场分析师会利用卫星图像来统计停车场的汽车数量，以估计零售需求，或者研究长期天气预报用以预测农作物产量。算法交易模型经过编程，可以发现市场之间的微小价格差异，并在几毫秒内将这种差异利用起来。

股票市场的一条基本准则是有效市场假说：股票价格反映了所有公开信息。由于根据"内幕"信息进行交易是非法的，因此大多数主动管理型基金以及大多数个人日内交易者都无法超越股票市场的平均回报率。正如经济学家喜欢说的那样，在人行道上很难找到一张 20 美元的钞票，因为它很可能已经被别人抢先拿走了。

指数基金是一种越来越受欢迎的主动管理型基金的替代品。它由股票市场上的公司组成，并按照其市场规模的比例持有。例如，如今的一只标准普尔 500 指数基金包括约 7% 的苹果公司、1% 的雪佛龙、0.1% 的联邦快递，以及该指数中其他 497 家公司的相应份额。指数基金的回报率要与其所追踪的股票指数相匹配，同时也要扣除管理费用。由于跟踪指数是一项微不足道的工作，所以指数基金所收取的费用也远远低于需要付钱给选股人让他们选择投资的主动管理型基金。

1975 年，先锋集团创始人约翰·博格创建了指数基金，批评者嘲笑它为"博格的愚蠢之举"。但是到了 21 世纪 10 年代，指数基金已经成为市场上显而易见却往往被忽略的一部分。据估计，2011 年，这些被动投资者控制了美国股票市场五分之一的份额（在未来 10 年，这一数字将增长到五分之二）。[20] 三大指数投资者（先锋、贝莱德集团和道富）之一是标准普尔 500 指数中 90% 的公司的最大股东。

经济学家在很多事情上争论不休，但一项对 40 多位顶级经济学家（包括几位诺贝尔奖获得者）的调查发现，没有一位经济学家不同意"投资者投资于指数基金会有更好的收益"这一观点。[21] 指数基金甚至出人意料地得到了沃伦·巴菲特的支持。尽管巴菲特是一位积极的投资者，但他认为，大多数人将资金投入低成本的指数基金将会得到更好的回报。2017 年，巴菲特在给股东的信中写道："如果要为对美国投资者做出最大贡献的人树立一座雕像，那么毫无疑问，约翰·博格应该是最佳人选。"

21 世纪 10 年代，全球范围内寻找投资机会的资金达到了前所未有的规模。从加拿大的养老基金到高储蓄的中国家庭，全球储蓄过剩开始压低利率。哈佛大学的拉里·萨默斯警告说，世界可能正在进入一个"长期停滞"时期，生产率和经济增长都在放缓。乔治梅森大学的经济学家泰勒·考恩认为，与 20 世纪大众教育、大规模移民、电力和交通等方面变革性的突破相比，计算机化和智能手机所带来的经济收益相对较小。[22] 维基百科、YouTube 和谷歌等互联网创新给求知欲强的人带来了好处，但对生产力的影响有限。一种更乐观的观点是，计算能力对生产力的影响会像之前的煤电和电力所带来的影响一样，在它首次出现的几十年后才会显现。

"利率陷阱"

低利率给货币政策制定者带来了挑战。英国央行的经济学家安迪·霍尔丹在分析了 5000 年来的历史数据后得出结论，利率从未如此低过。[23] 他将央行试图提高利率的努力比喻成一个故事：一个男孩的风筝被卡在树上，他试图将风筝弄出来，他向树枝上扔了一个又一个玩具。霍尔丹指出，资产购买、流动性计划和前瞻性指引在提高利率方面同样无效。到 21 世纪 10 年代末，许多国家的央行行长都发现自己正在努力应对通货紧缩。

在这个时代，央行行长面临的一个共同问题是"零利率下限"——这是因为向他人收取负利率是一件非常棘手的事情。如果我可以毫无成本地储蓄现金，那么我为什么要把钱借给你，让你还我的钱比开始时还要少呢？央行转而采取"量化宽松"政策，购买金融资产以支持经济。到 21 世纪 10 年代末，四大中央银行，即美联储、英国央行、日本央行和欧洲央行，共持有超过 20 万亿美元的金融资产，这大概相当于美国一年的经济产出。[24]

摩擦造成的损失

这个时代中的一些经济损失是自己造成的。在倡导全球努力减少贸易壁垒长达半个多世纪后，美国在 2018 年突然反其道而行之，对钢铁、铝以及那些大量从中国进口的商品征收关税。美国总统唐纳德·特朗普在宣布征收关税时，将其描述为一种惩罚外国人的方式，但事实上，成本主要由美国人承担。对于美国家庭来说，特朗普的关税是几十年来最大的增税之一。[25] 由于建筑业和汽车制造业等使用钢铁的行业所雇用的美国工人远远多于钢铁制造业，因此据估计，增税所创造的就业岗位每增加一个，就会同时失去 16 个原有的就业岗位。此外，贸易伙伴还征收了报复性关税，使美国受影响产品的出口量减少了

10%。[26] 最终，特朗普的这一行为将会导致全球收入的下降。与军事战争一样，贸易摩擦往往会产生更多的输家而不是赢家。

在2016年的全民公投中，52%的英国人投票支持脱欧，脱欧协议于2020年生效。英国脱欧导致许多总部设在英国的公司将办事处转移至欧洲大陆，并给进出口商带来了很大的不确定性。英国脱欧阻碍了英国与欧洲大陆之间人员、服务、货物和资本的自由流动。英国预算责任办公室认为，英国脱欧的长期成本为英国国内生产总值（GDP）的4%。[27] 经济学家几乎一致反对英国脱欧，却无法对抗由反建制情绪、对移民的强烈抵制以及对国际机构的不信任所推动的脱欧运动。

在21世纪，经济学家将我们的注意力转向了一系列更为广泛的问题（从腐败到气候变化），而在前几代人看来，这些话题可能超出了经济学这门学科的范畴。经济学家承认了纯理性模型的局限性，他们用行为经济学来解释为什么人们常常储蓄得太少而吃得太多。同时，就像关于《谷物法》和《斯穆特－霍利关税法》的争论一样，特朗普关税和英国脱欧也提醒人们，尽管开放可能在经济学角度来说是好的，但是孤立主义往往会赢得选举。

第十三章

大流行病及其他

答案就在"丁伯根法则"中

2020 年年初，新冠疫情的出现使世界经济陷入了自 20 世纪 30 年代大萧条以来最为严重的衰退。由于各国陷入封锁，2020 年第二季度的全球收入下降了 5%。[1] 商业投资急剧下降，旅游和移民几乎停止，服务支出也大幅下降。所有发达经济体都陷入了经济衰退。在全球范围内，大约有 4 亿人失去了工作。[2] 各国政府向受影响的工人和企业提供了超过 10 万亿美元的资金支持。2019 年，全球政府债务相当于全球 10 个月的收入。2020 年，全球政府债务跃升至相当于全球一整年的收入。[3]

新冠病毒核酸检测的发明帮助解决了经济学家所说的"信息问题"——使人们能够在疾病的早期阶段进行自我隔离，以免感染他人。新冠疫苗的研发也为接种者带来了巨大的好处，与未接种疫苗的人相比，疫苗将死亡率降低至 10% 以下。[4] 此外，疫苗还通过降低疾病的传播速度，提供了显著的正外部性。由于这种正外部性的存在，世界各国政府都免费提供疫苗，而不是要求人们付费接种疫苗。

对于货币政策制定者来说，新冠疫情所带来的意外之处在于，随着封控的解除，疫情对通货膨胀的影响究竟如何。家庭释放出大量压抑已久的消费需求，而俄乌冲突却导致能源价格飙升。突然间，各国央行发现自己所面临的通货膨胀堪比 20 世纪 70 年代。由于抑制通货膨胀需要加息而非降息，所以没有必要采取非常规的货币政策。但问题在于，高利率给已经习惯了低息贷款的抵押贷款持有人和企业主带来了痛苦。许多人质疑为什么央行不早点采取行动，为什么突然改变了对低通货膨胀和低利率的预期。

答案与经济学中一个普遍的挑战有关：预测很难。就像天气预报员和体育评论员一样，央行行长也不总是能够确定即将发生的事情。哲学家兼棒球捕手尤吉·贝拉曾经说过："预测很难，尤其是对未来的预测。"学院派经济学家往往对预测持怀疑态度，他们指出，危机往往是由意想不到的冲击所引发的。冲突、大流行病、饥荒、破产、违约和贸易摩擦往往会被经济模型所忽略，这是因为经济模型只关注到了缓慢变化的变量。

除了因为缺乏完美的远见而受到抨击，央行行长还因为许多其他的行为而受到批评。为什么他们没有采取更多的措施来防止政府债务的累积？为什么澳大利亚、爱尔兰和美国等国的央行行长会允许房价在 21 世纪初的 10 年里翻一番？为什么央行允许家庭背负如此沉重的债务？

答案就在所谓的"丁伯根法则"[⊖]中。丁伯根法则简单地指出，如果你只有一种工具，你就只能瞄准一个目标。央行的主要工具是利率。丁伯根法则指出，如果房价飞涨，而同时通货膨胀率也低于目标区间，那么央行就无法同时解决这两个问题。同样，如果家庭面临失控的通货膨胀，但一些家庭的抵押贷款负担过重时，按照丁伯根法则，央行就必须选择该解决哪一个问题。

⊖ 关于国家经济调节政策和经济调节目标之间关系的法则。——译者注

在新冠疫情大流行期间，造成供应链阻塞的一个因素是市场的高度集中。在美国，几乎所有的婴儿配方奶粉都是由少数几家公司生产的，进口受到了严格的限制。当最大的生产商雅培因可能受到污染而关闭其最大的工厂时，就引发了一场危机。在高峰期，美国 10 家超市中有 7 家没有婴儿配方奶粉。由于生产商数量少，这造成奶粉供应出现瓶颈，家长们也因此付出了代价。

从摇篮到坟墓无处不在

芝加哥学派关于竞争政策的观点指出，垄断在许多情况下可以很好地为消费者服务，而这一说法正受到越来越多的质疑。从婴儿配方奶粉（90% 的产品由 4 家公司生产）到棺材（头部的 2 家生产商生产了 80% 的棺材），集中化的市场实际上是一种从摇篮到坟墓均存在的现象。

市场集中并不仅仅是大公司超越竞争对手的结果。根据芝加哥学派的消费者福利标准，竞争监管机构和法院允许了大量的兼并，包括 Facebook 收购 Instagram、谷歌收购 YouTube 以及啤酒制造商百威英博收购南非米勒。然而，经济学家现在担心，市场集中可能会带来其他不利的影响。就年收入而言,最大的公司相当于一个国家的规模。沃尔玛的经济规模相当于泰国,亚马逊的经济规模相当于奥地利,埃克森美孚的经济规模则相当于秘鲁。经济学家开始思考,"大"也许根本就不美。

人们对市场主导地位的担忧在科技领域表现得尤为强烈,因为在这一领域,赢家通吃的格局经常会出现。在发达国家,Meta、苹果(Apple)、微软(Microsoft)、Alphabet 和亚马逊(Amazon)这五家俗称"MAMAA"的公司主导着社交媒体、智能手机、软件、搜索和在线购物领域。在中国,被称为"BATX"的四家公司,即百度(Baidu)、阿里巴巴(Alibaba)、腾讯(Tencent)和小米(Xiaomi)主导着搜索、电子商务、社交媒体和智能手机领域。

经济学家越来越担心集中化的市场不仅会伤害到消费者,也会伤害到工人。20% 美国员工的雇用合同中都有一项条款,限制他们到任何与其当前雇主有竞争关系的公司工作。[5] 硅谷公司之间达成了一系列不雇用对方软件工程师的秘密协议,这实际上降低了员工的工资。琼·罗宾逊对垄断力量的担忧具有高度的现实意义。

垄断力量也会损害到供应商的利益。苹果的应用商店被描述为一个"围墙花园"，苹果公司向应用程序开发者收取高达他们通过应用商店赚取收入的30%的费用。中国也有类似的问题，阿里巴巴被发现阻止商家在竞争对手的平台上销售商品，这使其被罚款182.28亿元人民币（约28亿美元）。MAMAA和BATX这9家公司在人工智能领域也处于全球领先的地位，因此，它们将从计算机技术的突破中获得巨大收益。[6]

　　虽然许多人担心技术可能会使大型公司超大化，但技术进步也可能会缩小一些公司的规模。罗纳德·科斯对公司边界的开创性分析提出，一项工作是应该在公司内部完成还是外包，取决于交易成本和信息成本。如果在线平台能更容易地利用非雇员或与其他组织建立联系，最终这可能会使公司规模缩小。大多数Meta内容版主并不为Meta工作，大多数亚马逊的送货司机也并不为亚马逊工作。未来，三井、太古和塔塔等多元化的企业集团可能会与更专业化的竞争对手展开竞争。

大数据折射出的经济真相

　　竞争政策并不是唯一被计算技术日益强大和广泛使用

所影响的领域。数学教授汉娜·弗莱列举了一系列例子，其中算法产生了令人不安的结果。[7]当人们在谷歌上搜索自己的名字时，非洲裔美国人比白人美国人更有可能看到针对有犯罪记录的人的广告，男性比女性更有可能在网上看到高薪高管职位的广告。

在一起事件中，一位顾客联系了英国乐购超市，她与丈夫共用一张超市会员卡，并在"我的最爱"部分看到了避孕套。她告诉超市，这一定是搞错了。事实并非如此，但超市悄悄地为数据错误道歉，而不是让这一问题成为夫妻关系破裂的原因。在美国的司法系统中，法官有时会根据算法来计算一个人再次犯罪的可能性并做出决定。[8]然而，被告却可以被拒绝知晓决定判决结果的信息。

社会心理学家肖沙娜·朱伯夫将公司使用私人数据的行为称为"监控资本主义"，并指出这种做法将导致广告越来越有针对性，企业对用户数据的需求也会越来越大。[9]正如上述例子所示，大数据有可能会加剧不平等。然而，经济学家也正在利用大数据集来回答以前无法解决的问题。拉杰·切蒂是这项工作的领军人物，他的"机会洞察"实验室在利用大数据来研究经济机会。

切蒂的团队利用近 30 年来美国几乎所有人的税收数

据，分析了经济流动性，即人们在收入分配中向上或向下的代际流动倾向。[10] 他们发现，在 20 世纪 40 年代出生的孩子中，有近九成的人预计比他们的父母挣得多。但对于"80 后"来说，只有一半的孩子能够比他们的父母挣得多。研究表明，邻里关系对儿童有很大的因果影响。在对全美的机会状况进行摸底后，他们报告说，在贫困集中程度较低、收入不平等现象较少、学校条件较好、双亲家庭比例较高以及犯罪率较低的县中，贫困家庭儿童一般都能够获得较好的成长结果。

在另一项研究中，切蒂和其团队分析了 7000 多万美国居民的 Facebook 数据，结果显示，友谊网络有着强烈的阶层性。[11] 在社会经济分布中，处于前 10 位的人所拥有的朋友数量是处于后 10 位的人的两倍。富人和穷人的朋友种类也不同。社会上层的人更有可能拥有大学同学，而社会底层的人更有可能拥有邻里好友。他们还能够计算出当地的交友模式，这证明了美国中西部的人特别有可能与不同阶层的人成为朋友。

法律经济学

法律经济学在令人惊讶的地方发现了不法行为。[12] 一项研究将滑雪场的降雪报告与政府气象站的报告进行了比较。据报道，通常滑雪场报告的降雪量更多。两份报告中，周末的降雪量报告数据差距更大。另一项研究发现，与其他出版物相比，《葡萄酒鉴赏家》杂志对在其版面上刊登广告的葡萄酒给予相对更高的评价。同样，个人理财杂志也更倾向于推荐其广告客户的基金，时尚杂志则更倾向于介绍广告商的时装。

激励机制会扭曲行为。一项经济研究通过观察房地产经纪人出售自己房屋时的情况发现，经纪人的房屋在市场上停留的时间比平均水平长10天，售价也比平均水平高出4%。教育经济学家发现，在学校进行高风险测试的日

在花样滑冰比赛中，法律经济学发现裁判倾向于给本国运动员更高的分数

子里，它们更有可能让成绩差的学生停课，学校也会在考试日提供热量较高的食物。

法律经济学甚至可以揭露腐败。当苏哈托遭遇健康危机时，与政治有关的公司的股价会随之下跌。当联合国实施武器禁运的国家冲突加剧时，武器制造商的股价就会上涨。研究人员借鉴心理学的研究成果指出，人类在编造数字时存在偏见，我们会过度使用某些数字（如7）和连续的数字对（如1-2或3-4）。数据越丰富，法律经济学揭示的不良行为就越多。

切蒂的研究是经济学变得越来越注重数据的一个例子。在经济学期刊上，越来越少看到在不使用数据来检验其预测的情况下提出理论模型的研究。自20世纪60年代的学前教育以来，经济学家对随机实验的使用大幅增加，研究人员也更擅长使用自然实验来识别因果影响。计算能力的提高降低了分析庞大数据集的成本。我自己在2004年所进行的博士研究中分析了100多万人的数据集，这在10年前是不可能在笔记本电脑上完成的。[13]10年后，代码的运行时间将从几小时缩短到几秒钟。大数据分析是摩尔定律[⊖]的受益者。

大数据让人们对性别和种族等令人不愉快的话题有了

㊀ 揭示信息技术进步速度。——译者注

更深入的了解。塞思·斯蒂芬斯－戴维多维茨通过分析互联网搜索结果发现，在对同性恋最不宽容的地方，人们更有可能在谷歌上搜索"我的丈夫是同性恋吗？"。[14]父母搜索"我儿子有天赋吗？"的可能性是搜索"我女儿有天赋吗？"的两倍，父母搜索"我女儿超重吗？"的可能性也是搜索"我儿子超重吗？"的两倍。要减少种族主义、性别歧视和同性恋恐惧症，首先必须了解问题所在。大数据使我们更有可能去调查还无法探明的事情。

卫星数据还揭示了经济繁荣的真相。每当夜幕降临，世界上富裕的地区就会像圣诞树一样亮起灯，而最贫穷的地区则陷入了黑暗。随着时间的推移，在同一个国家也会出现类似的情况，即经济增长越快的地方，夜晚的亮度就越高。在美国，卫星数据揭示了历史交通模式的遗留问题。当许多货物都是通过河流运输时，美国的某些地方需要在两艘船之间进行货物搬运。在停运一个多世纪后，这些地方仍然是繁荣的经济中心。[15]另一项研究分析了20年来的全球卫星数据，发现独裁者更有可能在国家经济增长方面撒谎——报告的经济数据比卫星图像显示的要好。[16]研究人员还利用卫星图像来研究巴西的森林砍伐和印度尼西亚的污染问题。这些图像现在已经足够精细，使研究人员能够计算出乌干达农民个人所拥有的树木数量，并测量出内罗毕贫民窟的哪些房屋升级了屋顶。[17]

新类型的数据也提醒我们更新经济统计数据的重要性，这样数据才能衡量我们所关心的东西。国民收入账户是在大多数工作都在农场或工厂的时代所建立的，网络经济给统计人员带来了新的挑战。在一项研究中，人们被问及如果要让他们放弃各种互联网服务，需要支付给他们多少费用。[18]人们回答说，放弃搜索需要支付给他们 17 000 美元，放弃电子邮件需要支付给他们 8000 美元，放弃地图需要支付给他们 3000 美元，放弃流媒体视频则需要支付给他们 1000 美元。由于国民经济核算衡量的是附加值而不是消费者福利，因此可能会忽略这些重要的福利。

无偿工作在经济统计中一直被严重忽视。如果一个男人花钱请管家做饭、打扫房间和照顾孩子，那么管家的收入将会被计入国民经济核算中，并被视为劳动力的一部分。如果他们结婚了，那么她（曾经的管家）将不再获得工资（他们之间的任何金钱流动都被视为家庭内部的转移），她将被视为劳动力之外的人。[19]女权主义经济学家指出，世界上大部分工作可能都是无偿劳动。虽然奥克兰理工大学的玛丽莲·韦林等研究人员对经济统计数据的收集方式提出了有力的批评，但国民收入核算中仍然包括了制造手枪的男性的工作，却不包括给婴儿喂奶的女性的工作。[20] 利用智能手机能够更好地捕捉人们如何利用时间，同时保护了用户隐私，这是实现经济统计现代化的关键前沿话题。

第十四章

经济的过去、现在和未来

50 年出版一次的报纸会写些什么

经济学家麦克斯·罗瑟曾观察到，新闻报道的频次决定了新闻的覆盖面。[1]周刊与日报的关注点不同，而日报的关注点又与社交媒体有所不同。但是如果我们有一份每50 年出版一次的报纸呢？罗瑟认为，这样一份报纸更有可能讨论长期的积极趋势。如今，一份 50 年出版一次的报纸头版可能会报道全球儿童死亡率从 14% 降至 4%，或者服务业就业如今占全球所有就业岗位的绝大多数……而不是一些名人八卦。[2]

本书从光的故事开始——这是一个说明科技如何把我们祖先认为的奢侈品变成了一种非常廉价的东西，以至于我们很少考虑它的成本的例子。从长远来看，许多经济发展都是这样的。安妮女王的故事是儿童健康进步的缩影，她是那个时代最有权势的女性。从1684年到1700年，她怀孕了17次，除了其中的一次怀孕，她的其他所有怀孕都以死产、流产或孩子夭折而告终。3个世纪过去了，现在即使是最贫穷的父母也不太可能失去孩子。卫生和医药方面的进步挽救了数百万人的生命。按实际价值计算，现在大多数国家工人一天的收入比1900年的工人一周的收入还要多。

从犁地到互联网，技术推动了经济活动的革命。社会也受益于比较优势。在整个劳动力市场，专业化在促进繁荣方面发挥了至关重要的作用。如果你已经练就了一套技能，你就会本能地知道为什么一个由专家组成的社会可以比一群通才组成的社会的人们享有更高的生活水平。这个原则在国家之间和个人之间都是如此。贸易使各国能够专注于它们最擅长的领域，拥有一个贸易伙伴并不是威胁，而是机会。贸易是现代经济的核心，也是它所带来的繁荣的核心。贸易是近几十年来数亿中国人摆脱贫困的一个关键原因，也是中国在全球舞台上的影响力再次与其人口规模更加匹配的一个关键原因。

人们很容易认为生活水平的提高是理所当然的。正如我们所看到的，封建主义、殖民主义和奴隶制的压迫力量曾经支配着世界上许多人的生活。心理学家史蒂芬·平克告诉我们，他最喜欢的词汇是百科全书中以"天花是一种传染病"开头的词条。[3] 由于人类的进步，这种在它所存在的最后一个世纪导致 5 亿人死亡的疾病现在已经成为过去时。[4] 平克指出，由于更好的饮食和更多的学校教育，智商分数上升得非常快，以至于今天普通人的得分比一个世纪前 98% 的人都要高。一个典型的欧洲人被谋杀的概率不到 500 年前的十分之一。在全球范围内，对性别、种族和性的态度变得更加包容。在几代人的时间里，抽水马桶、冰箱、空调和洗衣机已经从奢侈品变成了必需品。

经济增长真的让我们更幸福吗

但经济增长真的让我们更幸福吗？

20 世纪 70 年代，经济学家理查德·伊斯特林研究了早期关于生活满意度的跨国调查，并得出结论：超过某一点，更多的钱并不能让人们更幸福。直到 21 世纪的前 10 年，"伊斯特林悖论"[⊖] 一直被公认是智慧的，但基于更广泛调查的新分析表明，它并不成立。⁵ 现在很清楚的是，在一个国家内部，收入越高的人越幸福，而在不同国家之间，高收入国家的人更幸福。

除了幸福感，这些新数据表明，在国家内部和国家之间，收入高的人更有可能说他们感到休息得很好，他们受到了尊重，他们经常微笑和大笑，他们吃的食物也很美味。⁶ 收入高的人以及那些生活在收入高的国家里的人，不太可能说自己遭受着身体上的痛苦、无聊或悲伤。在国家内部，收入高的人更有可能说他们经历过爱。对不起，保罗·麦卡特尼，[⊖] 金钱可以买到爱情。

虽然金钱可以买到更多的幸福，但边际效用递减的原则仍然成立。幸福感的增加似乎大致与收入增长的百分比成正比，这意味着收入增长 10% 给无家可归者所带来的

⊖ 又称"幸福感悖论"，通常在一个国家内，富人报告的平均幸福水平高于穷人，但如果进行跨国比较，穷国的幸福水平与富国几乎一样高。——译者注

⊖ 保罗·麦卡特尼有一首很有名的歌曲《不能为我买到爱》。——译者注

幸福感与给社交名流带来的幸福感是一样的。然而，对于富人来说，这 10% 的增长却相当于比穷人多赚了很多钱。因此，在过去的一代中，许多国家不平等现象的加剧可能对幸福感产生了不利的影响。支持收入再分配的福利国家和累进税的最佳论据之一是，一美元给那些本来就没有很多美元的人带来了更多的快乐。

国家之间的收入差距甚至大于国家内部的收入差距。西欧现在的平均收入为每天 109 美元，而拉丁美洲的平均收入仅为每天 39 美元，非洲的平均收入仅为每天 10 美元。[7]典型的美国人一个月的产出几乎与尼日利亚人平均一年的产出一样多。推动非洲经济增长的一个因素是城市化，因为当人们从农村迁移到城市时，他们的生产率往往会提高。然而，非洲大陆目前只有一半的人口居住在城镇。[8]其中一个原因是，非洲的土地所有权往往不明确，这使人们不愿意投资住房，也限制了城市政府提高财产税收入的能力。厘清土地所有权制度听起来平平无奇，但这对于非洲未来的繁荣来说至关重要。

不平等的加剧并不是产生经济担忧的唯一原因。经济学家乔治·阿克尔洛夫对身份经济学的研究强调了考虑人们如何看待自己的重要性。在标准的经济模型中，工作的唯一目的是赚取收入来消费。但身份经济学提醒我们，许多人的身份是以他们生产的东西为中心，而不是他们所消费的东西。我们更有可能问刚认识的人"你是做什么的"，而不是"你买了什么"。因此，当技术和贸易的双重力量夺走了发达国家工厂的工作岗位时，告诉苦苦挣扎的中产阶级电视机正变得越来越便宜并不能给他们带来多少安慰。

来自人工智能的挑战

自卢德派出现以来，新技术一直伴随着令人恐惧的失业预测，而这些预测并没有最终实现。最终的挑战来自人工智能。OpenAI 的 ChatGPT 可以调试计算机代码，编写公司使命宣言，总结新的科学进展。"GPT"代表生成式预训练转换器，但它也可以代表通用技术。就像燃煤蒸汽机和电力一样，人工智能最终会带来变革。人工智能的广泛应用可能会提高平均收入，但这也意味着许多工作可能会像电话总机操作员和灯塔管理员一样消失。经济学提醒我们，一项技术变得越便宜，就有越多的公司可能采用它——收益会累积到那些拥有机器的人的身上。

从长远来看，人工智能也会给人类带来灾难性威胁。[9]
在某种程度上，智能机器很可能在所有的任务上都胜过人
类。不久之后，它们的能力和我们之间的差距就会像我们
和家里宠物之间的差距一样。当这种情况发生时，至关重
要的是，这些机器必须与我们的价值观保持一致，并愿意
与人类和平共处。

"流氓"人工智能可能是对人类未来最大的长期威胁，
但另一个关键的脆弱性来自气候变化。经济学家谈论的是
"尾部风险"[一]——发生非常糟糕的结果的可能性很小。就
全球变暖而言，尾部风险之所以出现，是因为我们不知道
未来会排放多少碳，也不知道地球将如何应对。进一步的
不确定性来自潜在的逆反馈循环，例如格陵兰冰盖的融化
或亚马孙雨林的消失。我们知道气候变化会很糟糕，但它
可能非常糟糕。[10]

当我们在个人生活中面临小概率的灾难时，经济学思
维提醒我们购买保险——每年支付一小笔保费，以防止我
们的房屋可能遭受的损失或者主要收入来源断绝。同样，
在人类面临风险的情况下，我们现在应该在合乎道德的人
工智能以及减少碳排放上投入适量的资金，并减少其他的

[一] 事件的影响没有完全退去的时候，被忽略的风险。——译者注

生存风险，包括生物恐怖主义和核冲突。

　　避免灾难将使人类能够使用经济学工具来解决更平凡的问题。由于交通拥堵，伦敦、波士顿、巴黎和布鲁塞尔的平均车速均为每小时 18 千米，这大约是 19 世纪一匹马在这些街道上小跑的速度。[11] 在德国，交通拥堵每年给司机造成 40 小时的损失，在美国为 51 小时，在英国为 80 小时。[12] 从多伦多到墨西哥城，减少交通拥堵将大大提高数百万城市居民的生活质量。

可能发生的最坏情况是什么

　　围绕人工智能风险的讨论大多集中在"坏"结果上，包括错误信息、算法歧视和自动化导致的工作岗位消失。但另一个危险来源是发生灾难的可能性。一旦人工智能超过人类智能，机器可能会迅速地超越我们，就像计算机在国际象棋和围棋等棋类游戏中的表现一样。人工智能将成为人类最后的发明。

　　我们不可能知道在这个被科学家称为"奇点"的过渡点之后会发生什么。未来是会更像《星际迷航》还是《终结者》？生产力是会给每个人带来安宁的生活，还是超级智能机器会认为人类是多余的？

　　研究不确定性的经济学家指出，考虑各种可能性，而不仅仅是最有可能的可能性，是非常有用的。经济学家使用"期望值"的概念，即用结果的成本或收益乘以其概率。如果赢得1亿美元的概率是1%，那么预期值就是100万美元。同样，价值1亿美元、损失概率为1%的物品的公平保险费为100万美元。

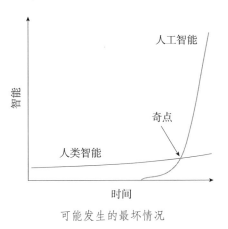

可能发生的最坏情况

　　人工智能专家研究人员的一项调查发现，中位数的研究人员预计奇点将在2059年出现。[13]中位数的研究人员认为，出现"极坏结果（如人类灭绝）"的概率为5%。三分之二的人工智能研究人员认为，社会应该更加重视人工智能的安全性。从期望值来看，即使是很小的灾难概率也会带来巨大的成本。

难以驾驭的周期

从宏观经济的角度来看，一个关键的挫折在于，大萧条已经过去了近一个世纪，但经济学家仍未能驾驭繁荣与萧条的周期。作为专业人士，我们应该感到失望的是，现代经济仍然每隔 10 年或 20 年就会产生一次经济危机。危机管理是现代政府职责的重要组成部分。将经济衰退置于后视镜中将标志着经济学实现了重大的飞跃。

生活在资本主义经济中，人们很容易把市场视为理所当然。当我们去超市时，我们认为它会储存大量我们想要的每种产品。新冠疫情期间，当商店卫生纸短暂售罄时，人们感到震惊。尽管爆发了百年一遇的大流行病，但在几周后，供应就恢复了正常。苏联解体后，一位俄罗斯官员联系了一位英国经济学家，问道："谁负责向伦敦的民众供应面包？"[14]

1946 年，美国记者亨利·黑兹利特撰写了《一课经济学》一书，一课是指市场价格决定且反映了机会成本。70 年后，昆士兰大学的约翰·奎金撰写了《两课经济学》，第二课是市场价格与真实价值之间有时存在鸿沟。黑兹利特展示了市场促进增长的原因。奎金解释了市场如何失灵，造成污染、失业和恃强凌弱的垄断。《两课经济学》讲述了这个故事的两个方面——开放的市场如何使数百万人摆脱贫困，以及为什么解决市场失灵对经济繁荣至关重要。资本主义并不能保证那些缺乏资本的人的幸福。

考虑政府角色的一种方式是将政府作为风险管理者，用以提供针对地震、疾病和经济衰退等各种风险的社会保险。标准的转移支付并不是降低风险的唯一途径。收入条件贷款（只有当借款人的收入超过一个合理的门槛时才到期还款）被一些国家用来代替大学贷款。一些经济学家建议，按收入而定的贷款也可以用于向遭受旱灾的农民、苦苦挣扎的企业或经济落后的地区提供援助。[15]

未完待续的经济故事与创新故事

经济学的故事也是创新的故事。20 世纪初，世界上没有飞机，没有收音机，也几乎没有汽车。到 20 世纪末，我们用带有 Wi-Fi[○] 功能的笔记本电脑上网，乘坐喷气式飞机到地球的另一端参加会议，城市里到处都是摩天大楼。从空调到抗生素，从带刺铁丝网到哈伯 – 博施法，新技术重塑了我们的生活。科技也让市场运转得更好。一项

○　无线通信技术。——译者注

研究发现，在印度渔业引入移动电话服务后，价格趋于一致，浪费也几乎消除了。[16] 技术使消费者和生产者都从中受益。

创新很少只是天才孤身一人辛勤工作所得来的。[17] 科技发展不仅仅是古腾堡、居里夫人、爱迪生、洛芙莱斯、盖茨、乔布斯、杜德纳和马斯克的功劳。更常见的是，技术突破发生在团队协作中。真空管和电视依赖于多家公司的努力，而其他大量创新（包括雷达、全球定位系统、互联网、细菌理论、起搏器、核磁共振成像和量子力学）则从政府机构和大学等非市场体系中流出。智能手机的关键技术（包括全球定位系统、声控个人助理和触摸屏）都是由政府资助的。创新经济学的核心问题是政府如何继续促进这类研究的发展。

经济学对生活的各个方面都能提出实用的建议。一些选股者声称，他们可以把握投资时机，在高点卖出，在低点买入。然而，有证据表明，主动管理型基金和当日交易者的表现不如指数投资者，后者只是买入并持有股票市场的代表性股票份额。即使是约翰·梅纳德·凯恩斯（一位在 20 世纪对帮助平稳商业周期有巨大贡献的经济学家），也放弃了商业周期投资的想法。[18]

本书主要是做三件事：第一件事是要讲述资本主义和市场体系是如何出现的；第二件事是要讨论影响经济学学科发展的主要思想和人物；第三件事是要概述经济力量是如何影响世界历史的。

在阅读本书时，我希望你能对人类历史有一点不同的看法。当你看世界地图时，回想一下大陆的形状，看一看大陆的形状是如何影响决定谁殖民谁的。当你看到一面镜子时，想想它的发明是如何创造消费文化的。当你使用大科技平台时，考虑一下你是如何高效地使用线上支付方式而不是现金。你要认识到你幸运地生活在了一个大多数人都能上学、接种疫苗和上网的时代。

现代经济学的发展是与工业革命同时发生的，但直到大萧条时期，经济学家才对商业周期有了深刻的理解。早期的经济学家被市场的效率迷住了，他们低估了市场失灵可能发生的方式，也过早地忽视了政府在改善市场运作方面的作用。最近的研究探索了垄断的危险和气候变化的风险。行为经济学如今已经成为经济学课程的标准组成部分，对大数据集的分析也已经成为许多现代经济学家工作的核心。市场设计者开创了匹配算法，这项技术支撑了多次肾脏捐赠。拍卖专家设计了拍卖方案，通过出售电磁频谱权为政府筹集了数十亿美元。发展经济学家进行的随机试验，挽救了生命，提高了人们的收入。

因为我们大多数人不会成为经济学研究者，所以经济学最大的贡献是帮助我们过上更好的生活。在做一个棘手的决定时，我们要权衡成本和收益。考虑机会成本——你放弃了什么；考虑边际效应——自己是否还有一件东西值得拥有；不要忘记外部性——你的决定对他人的积极影响和消极影响。从教育到创业，从社交到股票市场，经济学可以帮助你过上更好的生活。

致　谢

现代经济学研究中最好的发展之一是，越来越多的研究是合作的。我从我的合作者那里学到了很多经济学知识，我很感激那些与他们对话的过程，这一过程使我们的研究成形并让我成为一个更好的经济学家。还要感谢我的议会同事们（经济学家和非经济学家），他们鼓励我从经济学的角度来考虑我们所讨论的事情。在贝莱德公司，克里斯·菲克、克里斯蒂·英尼斯－威尔和乔·罗森博格所组成的团队帮助我强化了论点，并使我的书成形了。

杰夫·博兰德、保罗·伯克、温迪·卡林、布鲁斯·查普曼、塞尔温·科尼什、圭多·埃雷格斯、乔书亚·甘斯、罗斯·吉廷、鲍勃·格雷戈里、尼古拉斯·格鲁恩、丹尼尔·哈默米斯、蒂姆·哈顿、理查德·霍尔登、塞巴斯蒂安·利、扬·利比奇、孟欣、亚历克斯·米尔莫、克里斯汀·尼尔、阿尔贝托·波索、亚当·特里格斯和贾斯汀·沃尔弗斯为早期的草稿提供了宝贵的意见。还特别感谢我的父母，芭芭拉和迈克尔·利，感谢他们充满爱的鼓励和详细的反馈。

本书献给我的妻子格温妮丝和我们的三个儿子，他们分别是扎卡里、西奥多和塞巴斯蒂安。我希望他们在这样一个社会中成长：良好的经济政策使外部性被内部化，市场为他们提供了充足的选择，经济学为我们这个非凡的世界提供着耀眼的见解。

注　释

导言

1. William Nordhaus, 1997, "Do real- output and real-wage measures capture reality? The history of lighting suggests not" in William Nordhaus and Charles Hulten (eds), The Economics of New Goods, University of Chicago Press, Chicago, pp. 29-66.

2. 微观经济学和宏观经济学的融合有着悠久的历史。For a discussion of Samuelson's 1948 Neoclassical Synthesis and the teaching of modern economics through the CORE curriculum, see Samuel Bowles and Wendy Carlin, 2020, "What students learn in economics 101: Time for a change", Journal of

Economic Literature, 58(1): 176-214.

3. Quoted in Avinash Dixit, 2014, Microeconomics: A Very Short Introduction, Oxford University Press, Oxford, p. 50.

4. Jeff Borland, 2008, Microeconomics: Case Studies and Applications, Cengage, Melbourne, p. 19.

5. Joshua Gans and Andrew Leigh, 2009, "Born on the first of July: An (un)natural experiment in birth timing", Journal of Public Economics, 93.1-2: 246-63.

6. Wojciech Kopczuk and Joel Slemrod, 2003, "Dying to save taxes: Evidence from estate- tax returns on the death elasticity", Review of Economics and Statistics 85(2):256-65.

7. Lucy Black, 2020, "Picking a product", CKGSB Knowledge, 19 November.

8. Benjamin Zhang, 2017, "Trump just used Boeing's new global airliner to attack globalization", Business Insider, 18 February.

9. Thomas Thwaites, 2011, The Toaster Project. Or A Heroic Attempt to Build a Simple Electric Appliance from Scratch, Princeton Architectural Press, Princeton, NJ.

10. 2009 年，英国的周平均工资约为 490 英镑，即九个月为 19 000 英镑。斯维斯在零件和旅行上的总花费为 1187 英镑。当我发邮件给他确认这些数字时，斯维斯讽刺地指出，我估算的 20 000 英镑正是他将烤面包机卖给维多利亚与艾尔伯特博物馆的价格。

第一章　走出非洲，走进农业

1. Carina Schlebusch, Helena Malmström, Torsten Günther, Per Sjödin, et al., 2017, "Southern African ancient genomes estimate modern human divergence to 350,000 to 260,000 years ago", Science 358(6363): 652-5.

2. Nicholas R. Longrich, 2020, "When did we become fully human? What fossils and DNA tell us about the evolution of modern intelligence", The Conversation, 9 September.

3. David Baker, 2022, The Shortest History of the World, Black Inc., Melbourne, p. 110.

4. Caleb E. Finch, 2010, "Evolution of the human lifespan and diseases of aging: Roles of infection, inflammation, and nutrition", Proceedings of the National Academy of Sciences 107, no. suppl 1: 1718-24.

5. Seven Pinker, 2011, The Better Angels of Our Nature: Why Violence Has Declined, New York: Viking. Another paper puts the figure at 2 per cent, which is still considerably higher than in modern times: Mark Pagel, 2016, "Lethal violence deep in the human lineage", Nature 538(7624): 180-1.

6. Paul Salopek, 2018, "Cities of Silence", National Geographic, 31 Augus.

7. 出处同前。

8. Hetalben Sindhav, 2016, "The Indus Valley Civilisation (Harappan Civilisation)", International Journal of Social Impact 1(2): 69-75.

9. Philip Coggan, 2020, More: A History of the World Economy from the Iron Age to the Information Age, Hachette, New York, p. 26.

10. Jeremy Cherfas, 1989, "Nuts to the desert", New Scientist, 19 August, pp. 44-7.

11. Melinda A. Zeder, 2011, "The origins of agriculture in the Near East", Current Anthropology 52 (S4): S221-S235.

12. Shuanglei Wu, Yongping Wei, Brian Head, Yan Zhao and Scott Hann, 2019, "The development of ancient Chinese agricultural and water technology from 8000 BC to 1911 AD", Palgrave Communications 5(1): 1-16.

13. Tim Harford, 2017, "How the plough made the modern economy possible", BBC World Service, 50 Things That Made the Modern Economy, 27 November.

14. James Burke, 1978, Connections, Macmillan, London, p. 12.

15. Alberto Alesina, Paola Giuliano and Nathan Nunn, 2013, "On the origins of gender roles: Women and the plough", Quarterly Journal of Economics 128(2): 469-530.

16. François Pieter Retief and Louise Cilliers, 2006, "Causes of death among the Caesars (27 BC – AD 476)" Acta Theologica 26(2): 89-106.

17. 平均身高从男性的 1.78 米和女性的 1.68 米分别下降到 1.65 米和 1.55 米。Michael Hermanussen and Fritz Poustka, 2003, "Stature of early Europeans", Hormones (Athens) 2(3): 175-8.

18. 农业革命的短期影响和长期影响之间的差异，是贾里德·戴蒙德错误地将其描述为人类历史上最严重的错误的原因：Jared Diamond, 1999, "The worst mistake in the history of the human race", Discover Magazine, 1 May。例如，如果没有农业革命，世界不太可能从戴蒙德的精彩著作中受益。

19. 在公元 6 世纪至 10 世纪的欧洲，水磨被广泛采用。征服者威廉在 1086 年对英格兰进行《末日审判书》调查时，他发现每个英国村庄平均有两个水磨。Rondo Cameron, 1989, A Concise Economic History of the World: From Paleolithic Times to the Present, Oxford University Press, New York and Oxford, p. 71.

20. Cameron, 1989, p. 83.

21. Donald Kagan, 1982, "The dates of the earliest coins", American Journal of Archaeology 86(3): 343-60.

22. Neil Faulkner, 2012, A Visitor's Guide to the Ancient Olympics, Yale University Press, New Haven, CT, p. 126.

23. 这一估计是基于公元 284 年至公元 305 年罗马皇帝戴克里先颁布的法令。见于 Coggan, 2020, p. 32。

第二章 大运河、印刷机和瘟疫

1. Cameron, 1989, p. 83.

2. Yiming Cao and Shuo Chen, 2022, "Rebel on the canal: Disrupted trade access and social conflict in China, 1650-1911", American Economic Review, 112(5): 1555-90.

3. 这些数字是以 2011 年的美元计算的，来自 Jutta Bolt 和 Jan Luiten 2020 年对世界经济演变的麦迪逊式估计。2020 年更新的麦迪逊项目数据库，格罗宁根大学，格罗宁根。

4. Niall Kishtainy, 2017, A Little History of Economics, Yale University Press, New Haven, p. 17.

5. Diego Puga and Daniel Trefler, 2014, "International trade and institutional change: Medieval Venice's response to globalization", Quarterly Journal of Economics 129(2): 753-821.

6. Quoted in Tim Harford, 2006, The Undercover Economist, Oxford University Press, Oxford, pp. 201-2.

7. Masao Uchibayashi, 2006, "Maize in pre-Columbian China found in Bencao Pinhui Jingyao", Yakugaku Zasshi: Journal

of the Pharmaceutical Society of Japan, 126(1): 27-36.

8. David Baker, 2022, The Shortest History of the World, Black Inc., Melbourne, p. 157.

9. Coggan, 2020, pp. 7-8.

10. Şevket Pamuk, 2007, "The Black Death and the origins of the 'Great Divergence' across Europe, 1300-1600", European Review of Economic History 11(3): 289-317.

第三章 航海时代

1. 跨大西洋奴隶贸易数据库。

2. 这一段和下一段的奴隶制统计数据来自 David Baker, 2022, pp. 171-2。

3. "Family separation among slaves in America was shockingly prevalent", The Economist, 18 June 2022.

4. Stephan Heblich, Stephen Redding and Hans- Joachim Voth, 2022, "Slavery and the British Industrial Revolution", NBER Working Paper 30451, NBER, Cambridge, MA.

5. Carlos J. Charotti, Nuno Palma and João Pereira dos Santos,

2022, "American Treasure and the Decline of Spain", Economics Discussion Paper Series EDP- 2201, University of Manchester, Manchester.

6. Daron Acemoglu, Simon Johnson and James A. Robinson, 2001, "The colonial origins of comparative development: An empirical investigation", American Economic Review 91(5): 1369-1401.

7. "Armies of the East India Company", National Army Museum website.

8. John Brande Trend, 1957, Portugal, Praeger, New York, p. 103.

9. Emily Oster, 2004, "Witchcraft, weather and economic growth in Renaissance Europe", Journal of Economic Perspectives 18(1): 215-28.

10. Peter Garber, 1990, "Famous first bubbles", *Journal of Economic Perspectives*, 4(2): 35-54.

第四章 工业革命与国家财富

1. 这些数字是以 2011 年的美元计算的，于 2020 年由博尔特和卢滕·范·赞登绘制。

2. Gregory Clark, 2007, A Farewell to Alms: A Brief Economic History of the World, Princeton University Press, Princeton, NJ.

3. Bolt and Luiten van Zanden, 2020; Max Roser, Cameron Appel and Hannah Ritchie, 2013, "Human height", available at ourworldindata.org/ human- height.

4. Robert Allen, 2017, The Industrial Revolution: A Very Short Introduction, Oxford University Press, Oxford, pp. 4-7.

5. T.S. Ashton, 1948, The Industrial Revolution 1760-1830, Oxford University Press, Oxford, p. 42.

6. R.U. Ayres, 1989, Technological Transformations and Long Waves, International Institute for Applied Systems Analysis, Lazenburg, Austria, p. 17.

7. Nicholas Crafts, 2004, "Steam as a general purpose technology: A growth accounting perspective", Economic Journal 114(49): 338-51.

8. Coggan, 2020, pp. 100-1.

9. Alexander C.R. Hammond, 2019, "Heroes of progress, Pt. 13:

James Watt", HumanProgress.org, 7 March.

10. Jesse Norman, 2018, Adam Smith: What He Thought, and Why it Matters, Penguin, London.

11. Todd Buchholz, 1999, New Ideas from Dead Economists: An Introduction to Modern Economic Thought. Penguin Books, London, p.14.

12. 政治项目和经济学人智库等组织将完全民主国家定义为尊重公民自由、拥有民主政治文化、保障司法独立和媒体自由的国家。

13. Ben Broadbent, 2020, "Government debt and inflation", Bank of England speech, 2 September.

14. Mill's writings underlay the concept of "Homo economicus", although he did not use the term: see Joseph Persky, 1995, "Retrospectives: The ethology of homo economicus", Journal of Economic Perspectives 9(2): 221-31.

15. Steven Johnson, 2014, How We Got to Now: Six Inventions That Made the Modern World, Riverhead Books, New York, p. 32.

16. E.P. Thompson, 1967, "Work-discipline, and industrial capitalism", Past and Present 38: 56-97.

17. John Brown, 1990, "The condition of England and the standard of living: Cotton textiles in the northwest, 1806-1850", Journal of Economic History 50(3): 591-614.

18. Joshua Gans and Andrew Leigh, 2019, Innovation + Equality: How to Create a Future That Is More Star Trek Than Terminator, MIT Press, Cambridge, MA, p. 24.

19. J.A. Schumpeter, 1954, History of Economic Analysis, New York: Oxford University Press, p. 500.

20. Wolfgang Keller and Carol H. Shiue, 2020, "China's foreign trade and investment, 1800-1950", NBER Working Paper 27558, NBER, Cambridge, MA.

21. Allen, 2017, p. 97.

22. Steven Pressman, 1999, Fifty Major Economists, Routledge, London, p. 36.

23. Quoted in Kishtainy, 2017, p. 40.

第五章　贸易、旅行与科技腾飞

1. Mr Cobden,1965, The Collected Works of Walter Bagehot, edited by Norman St John-Stevas,vol.3, p.216.

2. A.C. Howe, 2008, "Anti-Corn Law League", Oxford Dictionary of National Biography [online resource].

3. This discussion of Japan's economic development draws on Allen, 2017,p. 119-24.

4. Cameron, 1989, pp. 275-6.

5. Richard Baldwin, 2006, "Globalisation: the great unbundling(s)", Prime Minister's Office, Economic Council of Finland.

6. Bolt and Luiten van Zanden, 2020.

7. Allen, 2017, p. 76.

8. From "Our World in Data".

9. Matthew J. Gallman, 1994, The North Fights the Civil War: The Home Front, Ivan R. Dee, p. 95.

10. Sophia Twarog, 1997, "Heights and Living Standards in

Germany, 1850-1939: The Case of Wurttemberg"in Richard H. Steckel and Roderick Floud (eds), Health and Welfare During Industrialization, University of Chicago Press, Chicago, pp. 285-330.

11. Peter Dunn, 2002, "Stéphane Tarnier (1828-97), the architect of perinatology in France", Archives of Disease in Childhood: Fetal and Neonatal Edition 86(2):F137-9.

12. Geoff Boeing, 2019, "Urban spatial order: Street network orientation, configuration, and entropy", Applied Network Science 4(1): 1-19.

第六章 经济模式和现代工厂

1. Thomas M. Humphrey, 1992, "Marshallian cross diagrams and their uses before Alfred Marshall: The origins of supply and demand geometry", Economic Review, 78: 3-23.

2. Henry Ford and Samuel Crowther, 1922, My Life and Work, Garden City Publishing Company, Garden City, New York, p. 72.

3. Coggan, 2020, p. 156.

4. 蒂姆·哈顿，个人通信。

5. Niall Ferguson, 2008, The Ascent of Money: A Financial History of the World, Penguin, New York.

6. Stephen Broadberry and Mark Harrison (eds), 2005, The Economics of World War I, Cambridge University Press, Cambridge. The calculation is for 1914, so the Allied powers include Russia (which would later drop out) but exclude powers that joined later (such as Italy and the United States).

7. George Rose and Sherrylynn Rowe, 2015, "Northern cod comeback", *Canadian Journal of Fisheries and Aquatic Sciences* 72, no. 12: 1789-98.

第七章　第一次世界大战和大萧条

1. Broadberry and Harrison, 2005.

2. 约翰·梅纳德·凯恩斯预测的结果：1919, The Economic Consequences of the Peace, Macmillan, London。

3. Coggan, 2020, p. 181.

4. Paul Krugman, 1998, "The hangover theory", Slate, 4 December.

5. Bruce Caldwell and Hansjoerg Klausinger, 2022, Hayek: A Life 1899-1950, University of Chicago Press, Chicago.

6. Kishtainy, 2017, p. 104.

7. Richard Davenport-Hines, 2015, Universal Man: The Seven Lives of John Maynard Keynes, William Collins, London, p. 214.

8. Lionel Robbins, 1971, Autobiography of an Economist, Palgrave, London, p. 154.

9. Walter Galenson and Arnold Zellner, 1957, "International comparison of unemployment rates" in The Measurement and Behavior of Unemployment, NBER, Cambridge, MA, pp.439-584. 最近的一些研究略有不同，例如澳大利亚高于 10%，英国略低于 10%。1939 年，美国的失业率也超过了 10%。

10. 关税如何损害国内生产的例子来自：Alan Reynolds, 1979, "What do we know about the Great Crash?" National Review, 9 November。

11. 本段中的报复性贸易措施示例来自：Kris James Mitchener, Kevin Hjortshøj O'Rourke and Kirsten Wandschneider,

2022, "The Smoot-Hawley Trade War", Economic Journal132(647): 2500-33。

12. 本段中的移民限制示例来自：Joseph Ferrie and Timothy Hatton, 2015, "Two centuries of international migration", Handbook of the Economics of International Migration, 1: 53-88。

13. See, for example, Nick Freeman, 2002, "Foreign direct investment in Cambodia, Laos and Vietnam: A regional overview", Paper prepared for the Conference on Foreign Direct Investment: Opportunities and Challenges for Cambodia, Laos and Vietnam, 16-17 August, Hanoi.

14. Sadie Alexander (ed. Nina Banks), 2021, *Democracy, Race, and Justice: The Speeches and Writings of Sadie T. M. Alexander*, Yale Press, New Haven, CT; "Economists are rediscovering a lost heroine", *The Economist*, 19 December 2020.

15. Nick Freeman, 2002, "Foreign direct investment in Cambodia, Laos and Vietnam: A regional overview", Paper prepared for the Conference on Foreign Direct Investment:

Opportunities and Challenges for Cambodia, Laos and Vietnam, 16-17 August, Hanoi.

第八章 第二次世界大战与布雷顿森林体系

1. 更多细节, 参见 Coggan, 2020, p. 198。

2. 第二次世界大战的经济数据比较参考 Mark Harrison, 1998, The Economics of World War II: Six Great Powers in International Comparison, Cambridge University Press, Cambridge, MA。1938 年的计算结果包括后来沦陷了的同盟国（波兰、捷克斯洛伐克、法国及其殖民帝国），而不包括后来加入盟军的国家（苏联和美国）。

3. J. Bradford DeLong, 2023, Slouching Towards Utopia: An Economic History of the Twentieth Century, Hachette, New York, p. 304.

4. Phillips Payson O'Brien, 2015, How the War Was Won: Air-Sea Power and Allied Victory in World War II, Cambridge University Press, Cambridge, UK.

5. Harrison, 1998.

6. J. Bradford DeLong and Barry Eichengreen, 1993, "The Mar-

shall Plan: History's Most Successful Structural Adjustment Program" in Rudiger Dornbusch, Wilhelm Nolling and Richard Layard (eds), Postwar Economic Reconstruction and Lessons for the East Today, MIT Press, Cambridge, MA, pp. 189-230.

7. Selwyn Cornish and Alex Millmow, 2016, "A.W.H. Phillips and Australia", History of Economics Review 63(1): 2-20.

8. Vito Tanzi and Ludger Schuknecht, 2000, Public Spending in the 20th century: A Global Perspective, Cambridge University Press, Cambridge, UK, p. 6.

第九章 光荣的三十年?

1. Branko Milanović, 2008, "Where in the world are you? Assessing the importance of circumstance and effort in a world of different mean country incomes and (almost) no migration", Policy Research Working Paper 4493, World Bank, Washington DC.

2. OECD, 2019, Negotiating Our Way Up: Collective Bargaining in a Changing World of Work, OECD, Paris.

3. Jan Tinbergen, 1974, "Substitution of graduate by other labour", Kyklos 27(2): 217-26; Claudia Goldin and Lawrence Katz, 2008, The Race Between Education and Technology, Harvard University Press, Cambridge, MA.

4. Andrew Stanley, 2022, Global Inequalities, International Monetary Fund, Washington DC.

5. Andrew Leigh, 2009, "Does the world economy swing national elections?", Oxford Bulletin of Economics and Statistics 71(2): 163-81.

6. Alan Holmans, 2005, Historical Statistics of Housing in Britain, Cambridge Centre for Housing & Planning Research, University of Cambridge, Cambridge, pp. 130, 143.

7. Steven Johnson, 2010, Where Good Ideas Come From: The Natural History of Innovation, Penguin, New York, pp. 214-15.

8. Kishtainy, 2017, p. 134.

9. Gary Becker, 1968, "Crime and punishment: An economic approach", Journal of Political Economy, 76(2): 169-217.

10. Gary Becker, 1957, The Economics of Discrimination,

University of Chicago Press, Chicago.

11. 这些数据是英国脱欧后的数据。

12. Air Transport Association of America, 1970, 1970 Air Transport Facts and Figures, ATAA, Washington, DC.

13. "信用卡债务统计",数据更新至 2023 年 1 月 6 日。

14. Anja Achtziger, 2022, "Overspending, debt, and poverty", Current Opinion in Psychology: 101342.

15. George Akerlof, 1970, "The market for lemons: Quality uncertainty and the market mechanism", Quarterly Journal of Economics 84(3): 488-500.

16. David Card and Stefano DellaVigna, 2013, "Nine facts about top journals in economics", Journal of Economic Literature 51(1): 144-61.

17. Gordon Corera, "India: The economy", BBC, 3 December 1998.

18. Marco Colagrossi, Domenico Rossignoli and Mario A. Maggioni. 2020, "Does democracy cause growth? A meta-

analysis (of 2000 regressions)", European Journal of Political Economy 61: 101824.

19. Aniruddha Mitra, James T. Bang and Arnab Biswas, 2015, "Gender equality and economic growth: Is it equality of opportunity or equality of outcomes?", Feminist Economics 21(1): 110-35.

20. Cormac Ó Gráda, 2007, "Making famine history", *Journal of Economic Literature*, 45(1): 5-38.

第十章 市场，到处都是市场

1. Julia Simon and Kenny Malone, 2021, "Looking back on when President Reagan fired the air traffic controllers", NPR Morning Edition, 5 August.

2. William A. Niskanen, 1988, Reaganomics: An Insider's Account of the Policies and the People, Oxford University Press, Oxford.

3. Mark Carney, 2021, Value(s): Building a Better World for All, William Collins, London, p. 173.

4. Daniel Hamermesh, 2011, *Beauty Pays: Why Attractive People*

Are More Successful, Princeton University Press, Princeton, NJ.

第十一章　通货膨胀目标制与不平等

1. Coggan, 2020, p. 224.

2. "1000 亿津巴布韦元买 3 个鸡蛋", Herald Sun, 25 July 2008。

3. Coggan, 2020, p. 258.

4. 1982 年，加拿大央行行长杰拉尔德·鲍伊发表的讲话。

5. Kenneth Rogoff, 2022, "The age of inflation", Foreign Affairs, Nov/Dec.

6. William McChesney Martin Jr, 1955, "Address before the New York Group of Investment Bankers Association of America", 19 October.

7. "One More Push", The Economist, 21 July 2011.

8. Facundo Alvaredo, Lucas Chancel, Thomas Piketty, Emmanuel Saez and Gabriel Zucman, 2017, World Inequality Report 2018, Paris School of Economics, Paris, pp. 123-30.

9. World Bank, Doing Business project (the project was discontinued in 2021).

10. Douglas Irwin, 2022, "The trade reform wave of 1985—1995", AEA Papers and Proceedings, 112: 244-51.

11. Chad Bown and Douglas Irwin, 2015, "The GATT's Starting Point: Tariff levels circa 1947", NBER Working Paper 21782; World Bank, "Tariff rate, applied, weighted mean, all products (%)".

12. Bolt and Luiten van Zanden, 2020.

13. See, for example, Justin Yifu Lin, 2019, "New structural economics: The third generation of development economics", GEGI Working Paper 27, Global Development Policy Center, Boston University, Boston.

14. Mariana Mazzucato, 2013. The Entrepreneurial State: Debunking Public vs. Private Myths in Risk and Innovation, Anthem Press, London.

15. 《经济学人》, 2021 年 12 月 2 日, "印度人口将比预期更早开始萎缩"。

16. United Nations Department of Economic and Social Affairs, Population Division, 2022. World Population Prospects 2022,

United Nations, New York.

17. Steven Ritter, 2008, "The Haber-Bosch reaction: An early chemical impact on sustainability", Chemical and Engineering News 86(33).

18. Stuart Smyth, 2020, "The human health benefits from GM crops", Plant Biotechnology Journal 18(4): 887-8.

19. Facundo Alvaredo, Lucas Chancel, Thomas Piketty, Emmanuel Saez and Gabriel Zucman, 2017, World Inequality Report 2018, Paris School of Economics, pp. 113-22.

20. 有关这一点的更详细讨论，请参见 Gans 和 Leigh, 2019。

21. William Kissick, 1994, Medicine's Dilemmas: Infinite Needs Versus Finite Resources, Yale University Press, New Haven, CT.

22. These examples are drawn from David Cutler and Mark McClellan, 2001, "Is technological change in medicine worth it?", Health Affairs 20(5): 11-29.

23. John Kenneth Galbraith, 1958, The Affluent Society, Houghton Mifflin Company, Boston.

24. The Business Research Company, 2023, *Sports Global Market Report 2023*, The Business Research Company, London.

25. Joseph Price and Justin Wolfers, 2010, "Racial discrimination among NBA referees", *Quarterly Journal of Economics*, 125(4): 1859-87.

26. Kai Fischer, J. James Reade and W. Benedikt Schmal, 2022, "What cannot be cured must be endured: The long-lasting effect of a COVID-19 infection on workplace productivity", *Labour Economics* 79, 102281.

27. Graham Kendall and Liam Lenten, 2017, "When sports rules go awry", *European Journal of Operational Research* 257(2): 377-94.

第十二章　火热的市场和更火热的地球

1. 见 www.internetworldstats.com/emarketing.htm.

2. 近年来，疟疾死亡人数平均约为 60 万人（世界卫生组织世界疟疾报告），而鲨鱼致人死亡的人数平均约为 70 人（佛罗里达自然历史博物馆的国际鲨鱼袭击档案）。机动车死亡人数平均约为 130 万人（世界卫生组织），航空死亡人数平均约为 300 人（航空安全网）。

3. Daniel Kahneman, 2011, Thinking, Fast and Slow, Farrar, Straus and Giroux, New York.

4. OECD, 2022, "HM 1.2 House Prices", OECD Affordable Housing Database, OECD, Paris.

5. 希勒的 2007 年的过山车模拟图可以在网站上查看。

6. Michael Lewis, 2010, The Big Short: Inside the Doomsday Machine, WW Norton, New York.

7. International Labour Organization, 2018, *Global Wage Report 2018/19: What Lies Behind Gender Pay Gaps*, ILO, Geneva.

8. Doris Weichselbaumer and Rudof Winter-Ebmer, 2005, "A meta-analysis on the international gender wage gap", *Journal of Economic Surveys* 19 (3): 479-511.

9. Alexandra de Pleijt and Jan Luiten van Zanden, 2021, "Two worlds of female labour: gender wage inequality in western Europe, 1300-1800", *Economic History Review* 74 (3): 611-38.

10. Kristen Schilt and Matthew Wiswall, 2008, "Before and after: Gender transitions, human capital, and workplace experiences", *BE Journal of Economic Analysis & Policy* 8(1).

11. Claudia Goldin, 2021, *Career and Family: Women's Century-Long Journey Toward Equity*, Princeton University Press, Princeton, NJ.

12. Rick Glaubitz, Astrid Harnack-Eber and Miriam Wetter, 2022, "The gender gap in lifetime earnings: The role of parenthood", DIW Berlin Discussion Paper 2001, DIW, Berlin; Fatih Guvenen, Greg Kaplan, Jae Song and Justin Weidner, 2022, "Lifetime earnings in the United States over six decades", *American Economic Journal: Applied Economics* 14(4): 446-79.

13. Jhacova Williams, "Laid off more, hired less: Black workers in the COVID-19 recession", RAND blog, 29 September 2020.

14. Robert Klitgaard, 1988, Controlling Corruption, University of California Press, Oakland, CA.

15. Annette Alstadsæter, Niels Johannesen and Gabriel Zucman, 2018, "Who owns the wealth in tax havens? Macro evidence and implications for global Inequality", Journal of Public Economics 162: 89-100.

16. Seema Jayachandran and Michael Kremer, 2006, "Odious debt", American Economic Review 96(1): 82-92.

17. Tim Harford, 2020, *How to Make the World Add Up: Ten Rules for Thinking Differently About Numbers*, Little, Brown Book Group, London.

18. 见 www.guinnessworldrecords.com/world-records/most-successful-chimpanzee-on-wall-street。

19. Tim Edwards, Anu R. Ganti, Craig Lazzara, Joseph Nelesen and Davide Di Gioia, 2022, "SPIVA U.S. Mid-Year 2022", S&P Dow Jones Indices, New York, p. 7.

20. Alexander Chinco and Marco Sammon, 2022, "The passiveownership share is double what you think it is", available at ssrn.com/abstract=4188052.

21. IGM Economic Experts Panel, 2019, "Diversified invest-

ing", Initiative on Global Markets, Chicago Booth, Chicago, 28 January.

22. Tyler Cowen, 2011, The Great Stagnation: How America Ate All the Low-Hanging Fruit of Modern History, Got Sick, and Will (Eventually) Feel Better, Dutton, New York.

23. Andrew G Haldane, 2015, "Stuck", Speech given at the Open University, Milton Keynes, 30 June.

24. 参见大西洋理事会的《全球量化宽松追踪》。

25. Steve Liesman, 2019, "Trump's tariffs are equivalent to one of the largest tax increases in decades", CNBC, 16 May.

26. Pablo Fajgelbaum, Pinelopi Goldberg, Patrick Kennedy and Amit Khandelwal, 2020, "The return to protectionism", Quarterly Journal of Economics 135(1): 1-55.

27. "Impact of Brexit on economy 'worse than Covid'", BBC News, 27 October 2021.

第十三章　大流行病及其他

1. Rakesh Padhan and K.P. Prabheesh, 2021, "The economics of COVID-19 pandemic: A survey", Economic Analysis and

Policy 70: 220-37.

2. Padhan and Prabheesh, 2021.

3. International Monetary Fund, 2022, 2022 Global Debt Monitor, IMF, Washington DC, p. 7.

4. 例如参见 Centers for Disease Control and Prevention, 2021, "Morbidity and mortality weekly report" 70(37), 17 September。

5. Evan P. Starr, James J. Prescott and Norman D. Bishara, 2021, "Noncompete agreements in the US labor force", Journal of Law and Economics 64(1): 53-84.

6. Amy Webb, 2019, The Big Nine: How the Tech Titans and Their Thinking Machines Could Warp Humanity, Public Affairs, New York.

7. Hannah Fry, 2018, Hello World: Being Human in the Age of Algorithms, WW Norton, London.

8. Cathy O'Neil, 2016, Weapons of Math Destruction, Crown, New York.

9. Shoshana Zuboff, 2019, The Age of Surveillance Capitalism:

The Fight for a Human Future at the New Frontier of Power, Profile Books, New York.

10. Raj Chetty, David Grusky, Maximilian Hell, Nathaniel Hendren, Robert Manduca and Jimmy Narang, 2017, "The fading American dream: Trends in absolute income mobility since 1940", Science 356(6336): 398-406; Raj Chetty and Nathaniel Hendren, 2018, "The effects of neighborhoods on intergenerational mobility I: Childhood exposure effects", Quarterly Journal of Economics 133(3): 1107-62; Raj Chetty and Nathaniel Hendren, 2018, "The effects of neighborhoods on intergenerational mobility II: County level estimates", Quarterly Journal of Economics 133(3): 1163-1228.

11. Raj Chetty, Matthew O. Jackson, Theresa Kuchler, Johannes Stroebel et al., 2022, "Social Capital I: Measurement and Associations with Economic Mobility", Nature 608(7921): 108-21; Raj Chetty, Matthew O. Jackson, Theresa Kuchler, Johannes Stroebel et al., 2022, "Social Capital II: Determinants of Economic Connectedness", Nature 608(7921): 122-34.

12. All forensic economics examples are from Eric Zitzewitz,

2012, "Forensic economics", *Journal of Economic Literature*, 50(3): 731-69.

13. 这项研究最终发表为 Andrew Leigh, 2010, "Whobenefits from the earned income tax credit? Incidence among recipients,coworkers and firms", BE Journal of Economic Analysis and Policy 10(1)。

14. Seth Stephens-Davidowitz, 2017, Everybody Lies: What the Internet Can Tell Us About Who We Really Are, Bloomsbury, London.

15. Hoyt Bleakley and Jeffrey Lin, 2012, "Portage and path dependence", Quarterly Journal of Economics 127(2): 587-644.

16. Luis Martinez, 2022, "How much should we trust the dictator's GDP growth estimates?" Journal of Political Economy 130(10): 2731-69.

17. 这些例子和更多的内容总结在 Dave Donaldson and Adam Storeygard, 2016, "The view from above: Applications of satellite data in economics", Journal of Economic Perspectives 30(4): 171-98。

18. Erik Brynjolfsson, Avinash Collis and Felix Eggers, 2019, "Using massive online choice experiments to measure changes in well-being", Proceedings of the National Academy of Sciences 116(15): 7250-5.

19. Kishtainy, 2017, pp. 208-9.

20. Marilyn Waring, 1988, If Women Counted: A New Feminist Economics. Harper and Row, San Francisco.

第十四章 经济的过去、现在和未来

1. Max Roser, 2016, "Stop saying that 2016 was the 'worst year'", Washington Post, 29 December.

2. 儿童死亡率数据来自 ourworldindata.org/child-mortality（20 世纪 70 年代初）和 childmortality.org（2021 年, 撰写本文时可获得的最近年份）, 服务业就业数据来自世界银行（指标 SL.SRV.EMPL.ZS）。

3. Steven Pinker, 2018, Enlightenment Now: The Case for Reason, Science, Humanism, and Progress, Viking, New York.

4. 关于天花的死亡人数, 见 Donald Henderson, 2009, Small-pox: The Death of a Disease, Prometheus Books, Amherst,

New York, p. 12。

5. Betsey Stevenson and Justin Wolfers. 2008, "Economic growth and happiness: Reassessing the Easterlin paradox", Brookings Papers on Economic Activity, Spring 2008, pp. 1-87; Angus Deaton, 2008, "Income, health, and well-being around the world: Evidence from the Gallup World Poll", Journal of Economic Perspectives 22(2), pp. 53-72.

6. Stevenson and Wolfers, 2008.

7. 本段中的日收入估算来自 Bolt and Luiten van Zanden, 2020。

8. OECD/SWAC, 2020, Africa's Urbanisation Dynamics 2020: Africapolis, Mapping a New Urban Geography, West African Studies, OECD Publishing, Paris.

9. 有关灾难性风险的更多信息，请参阅 Andrew Leigh, 2021, What's the Worst That Could Happen? Existential Risk and Extreme Politics, MIT Press, Cambridge, MA。

10. Gernot Wagner and Martin L. Weitzman, 2016, Climate Shock: The Economic Consequences of a Hotter Planet, Princeton University Press, Princeton NJ.

11. Bob Pishue, 2023, 2022 INRIX Global Traffic Scorecard, INRIX, Kirkland, WA.

12. Pishue, 2023.

13. Zach Stein-Perlman, Benjamin Weinstein-Raun and Katja Grace, "2022 expert survey on progress in AI", AI Impacts, 3 August 2022.

14. Coggan, 2020, p. 357.

15. Bruce Chapman (ed.), 2006, Government Managing Risk: Income Contingent Loans for Social and Economic Progress, Routledge, London.

16. Robert Jensen, 2007, "The digital provide: Information (technology), market performance, and welfare in the South Indian fisheries sector", Quarterly Journal of Economics 122(3): 879-924.

17. The discussion in this paragraph draws on Johnson, 2010, pp. 230, 236.

18. Harford, 2020, p. 273.

图片来源

p. 2：一盏来自中东的古油灯

P. Maxwell Photography/Shutterstock.

p. 3：照明技术的发展：蜡烛、白炽灯泡、荧光灯泡和 LED
灯泡

Vladimir Gjorgiev / Shutterstock.

p. 16：印度河流域文明并没有建造其他文明中那种象征财富和
权力的纪念碑

Courtesy of Archestudy.

p. 26：由石灰石雕刻而成的雅浦石币

Image via r/ArtefactPorn, Reddit.

p. 33："了不起的盖茨比曲线"

Mary Long and Holaillustrations / Shutterstock.

p. 37：描绘黑死病的木刻版画（约 1665 年）
Unknown artist, c. 1665. Image via Wikimedia Commons.

p. 42：洛伦佐·德·美第奇，人称"伟大的洛伦佐"，是意大利文艺复兴最重要的赞助人
Workshop of Bronzino, Portrait of Lorenzo the Magnificent, c. 1565-69, Uffizi Gallery. Image via Wikimedia Commons.

p. 45：1601 年，荷兰东印度公司的第一支舰队离开伍尔维奇
Duncan1890 / iStockPhoto.

p. 50："永远的奥古斯都"郁金香在 17 世纪 20 年代的欧洲引起了轰动
Unknown artist, c. 1640, Norton Simon Art Foundation. Image via Wikimedia Commons.

p. 54：1769 年获得专利的詹姆斯·瓦特发明的煤动力蒸汽机
James Watt's Patent via itakehistory.com.

p. 59：詹姆斯·吉尔雷的一幅讽刺政府金融政策的漫画，人们戏称英格兰银行为"老妇人"
Heritage Image Partnership Ltd / Alamy Stock Photo.

p. 63：描绘"奈德·卢德"（鲁德派运动中虚构的人物）的画版
Working Class Movement Library catalogue. Image via Wikimedia Commons.

p. 64：威斯敏斯特联合救济院的妇女们

Chronicle / Alamy Stock Photo.

p. 77 : 1951 年，美国诗人玛丽安·摩尔以《诗歌选集》获得
普利策诗歌奖和国家图书奖，当年她 63 岁
Watercolour by Richard Simkin held in the Anne S.K.
Brown Military Collection, Brown University. Image via
Wikimedia Commons.

p. 79 : 观众参观由欧仁·贝尔格朗和奥斯曼男爵设计的巴黎最
先进的下水道系统
Photograph by Carl Van Vechten, 13 November 1948, Van
Vechten Collection at Library of Congress. Image via Wiki-
media Commons.

p. 82 : 在最初的"大富翁"游戏中，华尔街是最有价值的街道
之一，"大富翁"游戏是一个激进的警告
Chronicle / Alamy Stock Photo.

p. 89 : 密歇根州迪尔伯恩市福特汽车公司的流水线
The Landlord's Game, designed by Lizzie J. Magie (Phil-
lips), published in 1906 by the Economic Game Company,
New York. Image: Thomas Forsyth.

p. 90 : 纽约早期的伍尔沃斯商店
Photographer unknown, Henry Ford Interview, Literary
Digest, 1 July 1928. Image via Wikimedia Commons.

p. 93 ：埃莉诺·奥斯特罗姆分析了一些传统群体是如何制定规则来共享公共资源的

Mpv_51. Image via Wikimedia Commons.

p. 96 ：在通货膨胀肆虐的魏玛共和国，孩子们在玩几乎毫无价值的钞票

© Holger Motzkau 2010. Image via Wikimedia Commons.

p. 98 ：全世界都感受到了大萧条的气息

Pictorial Press / Alamy Stock Photo.

p. 104 ：1935 年，罗斯福总统签署《社会保障法》, 弗朗西丝·珀金斯出席

Fotosearch / Stringer / Getty Images.

p. 108 ：第一位获得经济学博士学位的非洲裔美国女性萨迪·亚历山大

Library of Congress Prints and Photographs Division Washington. Image via Wikimedia Commons.

p. 113 ：每一架被击落的飞机背后证明了什么

Unknown photographer, c. June 1921. Image via Wikimedia Commons.

p. 116 ：比尔·菲利普斯和他的国民收入货币模拟计算机

Artwork by Trevor Bragdon / Pitch + Persuade.

p. 123 ：为提高工资、更安全的工作条件和反歧视法而奔走的工会

From "The Phillips Machine Project" by Nicholas Barr, LSE Magazine, June 1988, no. 75, p.3. Image via Wikimedia Commons.

p. 127：20 世纪 50 年代早期的麦当劳餐厅
People's History Museum.

p. 130：最大的轮船能装载 1 万个集装箱
Carol M. Highsmith Archive, Library of Congress. Image via Wikimedia Commons.

p. 132：佩里学前教育项目的随机试验显示，"有项目"组和"无项目"组之间存在巨大差异
apiguide / Shutterstock.

p. 136：1943 年孟加拉大饥荒期间，饥饿的市民在施粥所排队等候
Fig. 2 taken from Kathryn Cardarelli and Rachael S. Jackson, Education Policy as Health Promotion, white paper presented at the First Annual Conference of the J. McDonald Williams Institute in Dallas, Texas, in October 2005.

p. 138：布里奇特·唐纳和她的两个孩子，他们在 1846 年至 1852 年爱尔兰大饥荒中受苦受难，该饥荒导致爱尔兰 12% 的人死亡
Bettmann / Getty Images.

p. 143：波特五力模型
Illustrated London News, 22 December 1849. Image via Wikimedia Commons.

p. 145：婴儿会盯着漂亮的面孔看更长的时间
Art_Photo / Shutterstock.

p. 151：经合组织国家的通货膨胀和中央银行独立性
Graph by Alan Laver based on "Inflation and central bank independence: OECD countries", Our World in Data.

p. 162：1980～2016年世界各地区总收入增长的百分位数
Graph by Alan Laver, based on Fig. 2, World Inequality Report 2018, compiled by Facundo Alvaredo, Lucas Chancel, Thomas Piketty, Emmanuel Saez and Gabriel Zucman, presented at the Paris School of Economics.

p. 165：里约热内卢的贫富差距：棚户区旁边有游泳池
Caio Pederneiras / Shutterstock.

p. 166：当两队势均力敌时，上座率会更高
Alex Bogatyrev / Shutterstock.

p. 175：麦克唐纳与他的第一件和最后一件交易物品
CP PHOTO / Troy Fleece.

p. 178：反映性别收入差距的漫画
©Johan Jarnestad/The Royal Swedish Academy of Sciences.

p. 198：在花样滑冰比赛中，法律经济学发现裁判倾向于给本
　　　　国运动员更高的分数

Leonard Zhukovsky / Shutterstock.

p. 211：可能发生的最坏情况

DALL-E, used under an Open AI Responsible Licence.

马特·里德利系列丛书

创新的起源：一部科学技术进步史
ISBN：978-7-111-68436-7

揭开科技创新的重重面纱，开拓自主创新时代的科技史读本

基因组：生命之书 23 章
ISBN：978-7-111-67420-7

基因组解锁生命科学的全新世界，一篇关于人类与生命的故事，
华大 CEO 尹烨翻译，钟南山院士等 8 名院士推荐

先天后天：基因、经验及什么使我们成为人（珍藏版）
ISBN：978-7-111-68370-9

人类天赋因何而生，后天教育能改变人生与人性，解读基因、环
境与人类行为的故事

美德的起源：人类本能与协作的进化（珍藏版）
ISBN：978-7-111-67996-0

自私的基因如何演化出利他的社会性，一部从动物性到社会性的
复杂演化史，道金斯认可的《自私的基因》续作

理性乐观派：一部人类经济进步史（典藏版）
ISBN：978-7-111-69446-5

全球思想家正在阅读，为什么一切都会变好？

自下而上（珍藏版）
ISBN：978-7-111-69595-0

自然界没有顶层设计，一切源于野蛮生长，道德、政府、科技、
经济也在遵循同样的演讲逻辑